LOCUS

LOCUS

LOCUS

LOCUS

mark

這個系列標記的是一些人、一些事件與活動。

mark 163

愛如甘霖

作者：賴甘霖神父 Fr. Andrés Díaz de Rábago, S.J.
文字：陳映妤
採訪：陳映妤 江玉敏
責任編輯：湯皓全
校對：呂佳真
美術編輯：許慈力
排版：薛美惠

出版者：大塊文化出版股份有限公司
台北市1055022南京東路四段25號11樓
讀者服務專線：0800-006689
TEL：(02) 87123898
FAX：(02) 87123897
郵撥帳號：18955675
戶名：大塊文化出版股份有限公司
法律顧問：董安丹律師、顧慕堯律師

總經銷：大和書報圖書股份有限公司
地址：新北市新莊區五工五路2號
TEL：(02) 89902588 (代表號)　FAX：(02) 22901658

初版一刷：2020年10月
定價：新台幣 420 元
Printed in Taiwan

國家圖書館出版品預行編目(CIP)

愛如甘霖 / 賴甘霖（Andrés Díaz de Rábago）著
-- 初版. -- 臺北市 : 大塊文化, 2020.10
面 ; 公分. -- (Mark ; 163)
ISBN 978-986-5549-14-5(平裝)

1.賴甘霖(De Rabago, Andreas) 2.天主教傳記

249.9461　　　　109014059

愛如甘霖

賴甘霖神父自傳

LIVING, LOVING AND BELIEVING

FR. ANDRÉS DÍAZ DE RÁBAGO, S.J.

賴甘霖神父——著

目錄

Part Two

動盪時代下的流離與轉機

Part Three

臺灣：我的家

Part Four

回顧與面對

前言：眾人眼中的賴甘霖神父

當今臺灣最長壽的外籍神父，非賴甘霖神父（Fr. Andrés Díaz de Rábago, S. J.）莫屬——他今年已經一百零四歲，在臺灣服務超過半世紀。

這位傳教士名聞千里的就是他那熱情如火的西班牙式親臉頰與擁抱、帶著鬥牛士般的體力和精神，以及他那爽朗淘氣的笑聲。

「我的小朋友！」、「我的小弟弟小妹妹！」、「我的可愛，我愛你！」成了他傳教過程中的經典，只要一講到賴甘霖神父，腦海中就會冒出熱情有愛的畫面，以及那份時而頑皮的童心。

即使國語帶著濃濃的西班牙腔調，也沒那麼流利，賴神父仍然用他生動活潑的肢體語言，表達他心底源源不絕的愛。

他的一生如同時代的縮影，百年來歷經了西班牙內戰、國共內戰、東帝汶獨立運動和臺灣的戒嚴時期。但他並未因此而被打擊退卻，反而更堅毅地在天主帶領他去的地方——中國、菲律賓、東帝汶和臺灣，把每個當地人都視為他的弟兄姊妹那樣的去愛，尤其是更為弱勢的群體——哪裡有需要，他就出現在哪裡。

本身有醫學的背景，即使高齡過百，賴神父仍風塵僕僕奔走於醫院間，照顧耶穌會的弟兄們、探視病人、主持彌撒、陪伴青年……數十年如一日，不論烈日或風雨，清晨或深夜。

「二十四小時為病人待命」的那份毅力和寬廣的愛——如點燃光亮的火種，如冬日裡的暖陽。

許多人開玩笑說他是「老頑童」，或說他「太好動」，年輕人戲稱他為「小賴」，但他實際上更是為許多人帶來平安和喜樂的「賴爸爸」。他的善解人意和可愛和氣，總能感染身邊的人，誰都難以不被他那份直接而濃烈的愛融化。

每天從五點半開始的生活

二〇一九年九月十一日，台北的清晨還未甦醒，高齡一百零二歲的賴甘霖神父一如往常五點半起床梳洗，六點半準時在耕莘文教院二樓專為神父個人設置的祭台小空間裡做彌撒。

院內的人都知道那是神父早上祈禱的地方。那個空間聖潔靜謐，可以私密地與耶穌對話。每日早晨從彌撒開始，賴神父從未缺席與天主的約會。

早餐的時間，賴神父習慣到會院二樓的咖啡室，坐在圓桌面向電視的位置，邊看新聞邊配早餐。

他吃不多，但不論早飯內容為何，他都會配半顆柳丁，像是內在仍戀眷著西班牙家鄉的橙橘味吧！臺灣新聞的紛擾容易讓人挫折，但他並不因此拒絕新聞，反而天天看，想著誰因著什麼而可能受了難。

早上十一點，賴神父準時地出現在台電大樓站的耕莘文教院門口，等待與志工一起前往台大醫院探望病人，並主禮每隔一週的週三在醫院祈禱室的彌撒。

二〇〇九年雷煥章神父健康狀況不佳，賴神父接下原本雷神父負責的彌撒服務，隔年雷神父辭世。他每週三到台大醫院祈禱室主禮彌撒，幾乎沒有缺席，直到二〇一六年，賴神父因腳上的蜂窩性組織炎住院，志工考量到賴神父的身體狀況，將他到醫院主禮彌撒的次數減少到每月兩次。賴神父一直如此兩地往返，到現在已超過十個年頭。

台北的天空塵埃飛揚，周遭瀰漫著炎熱的空氣，卻未因此減少賴神父飽滿的精力。「¡Hola! ¡A ver!」（嗨，你好啊！）賴神父用招牌的熱情西班牙式招呼與大家道早安——兩頰各親一下加一個擁抱，並在每個人額頭上輕畫十字聖號降福，即使在臺灣待了超過五十年，談話間還是時不時迸出一兩句西班牙語。

微微佝僂的身軀，賴神父仍健朗地以傘作拐杖上了計程車，和志工一起前往醫院。過去他總是自行搭捷運或巴士前往，時而還會調皮地變換路線到醫院去，直到一兩年前因考量身體狀況才改搭計程車。下了計程車，賴神父不忘向司機道謝，他從車窗外探進車內，與司機雙目相對說了聲謝謝。

天主教光鹽愛心小組在台大醫院祈禱室的志工玉蟬自醫院正門迎來，神父像呵護女兒一般在額頭上畫上十字，在兩頰上親吻，並送上一個早晨的擁抱。

每週三中午，台大醫院祈禱室有安排一段彌撒時間。神父提早抵達，他先到十四樓病房為教友送聖體。他隨身背著個黑色斜背袋，裡面裝著神父的領帶、幾本經文小冊、五十毫升的聖水，和剛好可以裝下幾個聖體的金屬小盒子，他將代表基督聖體的小圓餅分送給無法離開病房參與彌撒的教友。

神父緊握著臥床教友的雙手，為她祝禱，周圍的志工也一同祈禱。在冰冷狹小的病房裡，這顯得更有力量。病人眼眶泛淚感受來自天主的陪伴；領受聖體象徵著領受基督捨身為人的恩典，聖體也象徵教友與基督的共融。

「因為病痛的折磨，使得病人飽受身心痛苦、感到無助，但信仰可以給病友們精神上的支柱，尤其在生命艱難時刻。」志工玉嬋在神父完成儀式時解釋著送聖體的意義。

「只要病人和教友需要我」

賴神父接著馬不停蹄前往七樓，探望另一位病人。

病房內這一家人在哥倫比亞長待二十幾年，家屬和神父以西班牙文搭起來就聊開了；母親雖臥病在床，虛弱得講不出幾句話，但看到賴神父，精神也稍微被提振起來。神父不斷鼓勵病人，也承諾會為她送聖體，雖然想要繼續陪伴，但神父還得趕著到祈禱室去主禮彌撒，即便不捨也必須離開。

十二點一刻，賴神父一分不差地抵達位於十樓的祈禱室，祈禱室內已有幾位教友與志工都等待他的到來，加上神父前陣子因生病住院一段時間，看到他開朗地出現，大家的神情無不欣慰歡喜。

賴神父穿上祭袍，燭台點燈，教友齊唱聖歌，彌撒開始。整整一小時，神父全神貫注地主禮彌撒，一字一句地念著繁體中文的經文，不疾不徐的講解箇中含義，心無旁騖。賴神父不斷強調：為別人著想，就是為自己著想；向別人說的話，就是對自己說的話；愛人如己、視病猶親。

彌撒結束時，賴神父用滿溢的笑容叫著台下不論男女老少「我的小朋友們！」相較他的年紀，不論是十八歲還是八十歲，確實都還是賴神父眼中的「小朋友」。他朝人群走去，一一祝福每位參與者。

一位患了白血病的年輕女孩坐在輪椅上參加當日的彌撒，她原本抱有到香港航空公司擔任空姐的理想，好不容易考上夢寐以求的工作，卻在等待工作簽證時發病。

賴神父雙手按在她的頭上，默唸經文，並將她擁在懷裡靜默幾秒，如慈父看到女兒因病痛而受苦那般的不捨，最後在她的頭梢處輕吻，替天主給予她最深的祝福。

午餐時間在台大醫學院的飯堂用餐，賴神父一抵達，在飯堂工作十幾年的阿姨馬上大叫：「哎呀！賴神父，你來啦！」

阿姨放下手邊工作上前和賴神父打招呼，賴神父一樣把她當自己的小孩一樣又親臉頰又擁抱。

阿姨喜樂地幫賴神父和教友準備飯菜。神父坐在圓桌一角，食量不大，一面看著教友熱情地聊天敘舊，一面認真地吃。

一位教友從中國大陸旅行回來後帶回四、五樣甜食，擺在桌上。愛吃甜食的賴神父在飯後把每一樣都拿來嚐一嚐。軟的硬的脆的，他咬完一個接著吃下一個。

教友在一旁看著神父：「果然愛吃甜的呀，多吃幾個！」神父嘴巴也沒有停下來，一邊嚼還一邊分這些零嘴給身旁的教友。「好吃，多吃，多吃！」

離開台大醫院時，賴神父沒有顯出一絲疲累，在計程車上用柔和的聲音不斷地說著自己為何堅持要到醫院看病人的原因：「只要病人和教友需要我，我就會在他們身邊，我為他們祈禱。」

自一九六九年扎根臺灣超過半世紀，來自西班牙的賴甘霖神父持續燃燒自己幫助他人，一如他的名——「愛如甘霖」。

除了具備醫學背景，能照護人們身體康健，他更用智慧與真摯情感醫治人心。他的慈悲與歡喜和呼吸一樣自然，他的生命力也並未因年歲增長而衰竭，反而越發堅韌。

回望賴甘霖的一生，他在一九一七年出生於西班牙最西邊的加利西亞自治區（Galicia），作為一次世界大戰的新生兒，一生又親歷幾場戰亂，目睹無數無辜生命被犧牲，也在西班牙內戰親歷喪失兄長的悲痛，但他仍以隨天主而安的泰然心境在世界各地傳播福音。在亂世的年代，他選擇成為天主的僕人、走入人群的牧者。

二〇一九年十月六日，賴甘霖神父再次飛回西班牙加利西亞領取西班牙年度傑出人物獎，他帶著剛滿一百零二歲的身體與永遠不老的靈魂，搭乘十七小時的飛機，回到那個孩提時期滋養他的家鄉。

二〇二〇年，賴甘霖神父入耶穌會八十週年，從他五十二歲那一年來臺灣，臺灣成為他的家也正好滿五十二年。

賴神父的可愛們

Part One

由大西洋畔
啟程的愛
與信仰之路

1 加利西亞海濱的童年，與內戰中的成長

海，沙灘，一條街，再來就是我家。

那是一個叫作普埃布拉·德·卡瑞米那（Puebla del Caramiñal）的小鎮。在地圖上，可以看到小鎮是在西班牙瀕靠大西洋的西北部，加利西亞自治區的拉科魯尼亞省（La Coruña）。

我出生的一九一七年，當時小鎮的人口還不到一萬。我們家，就在離海不到五十公尺的距離。

小時候，從我的房間窗外望出去，就是大西洋。當時我還不知道這片汪洋可以航向世界何處，但那一望無際的湛藍陪伴著我一起長大。

最早感受的愛

我的家人都說我小時候很調皮。因為住在海邊，看到海水就很興奮，很小就會禁不住偷偷跑到海邊玩，感受海水的沁涼。我最怕的就是母親禁止我去海邊，但越被禁止就越愛去。

在我四、五歲時，某一天，全村的人都急著找我，母親更是焦急萬分，因為我忽然不見了。她四處尋找，先從我的房間開始，她知道我愛去海邊玩，就從我房間的窗口往海邊找人，卻不敢往海裡望，因為她害怕看見我小小的身體溺斃、漂流在海上，或是癱倒在沙灘，所以只敢瞇眼作勢張望，希望趕緊找到我，又深怕得知有什麼不幸的消息。

就在全村大張旗鼓找人的時候，保母在家裡一個角落的小櫃子裡發現了我。我躲在裡面，覺得沒有人能找到我很好玩。所以保母找到我的時候，還咬字不清地喊著：「窩在這裡！窩在這裡！」[1] 本來是想要給大家驚喜。

1 原句為「¡Etoy aquí! ¡Etoy aquí!」西語中 estoy 為「我在」、「我是」之意，小時候講話含糊，會省掉 estoy 的 s。

結果，當然被狠狠地罵了一頓。

可是儘管挨罵，我卻感覺到家人對我的愛，好深好深。過了好幾年，我才從大妹那裡聽到完整的故事，更知道媽媽那時的掙扎，也特別記得那份被愛的感覺。這是一位母親心急如焚尋找自己孩子的故事。

爸爸知道我們孩子喜歡海，我七、八歲的時候，爸爸買給我們小孩玩的船，不是遊艇，也不是有帆的那種，是要划的那種小船。哎呀！我不會解釋是哪一種船，讓我畫在紙上。是像橡皮艇的木造小船，船身附有馬達。

喔，對了，還有一些捕魚的工具，我們孩子們會扮演耶穌的門徒，出海去捕魚。這又是很難忘的回憶啊……現在離開臨海的故鄉超過七十年，台北不靠海，我有時會特別想念海水，回味著空氣中瀰漫海味的那些日子。

一脈相承的助人之愛

我的中文姓名是賴甘霖，本名是安德肋・迪亞茲・德・拉巴葛・佩雷茲（Andrés Díaz de Rábago Pérez）。在西班牙的家鄉，因為我們家幫助過許多當地的農民，因此在鎮上有很好的聲望。所以當家裡有狀況的時候，街坊鄰居都很願意來幫忙。我那次調皮搞失蹤，全村上下就總動員來找我。

我父親的名字也是安德肋・迪亞茲（Andrés Díaz de Rábago y Aguiar）。他出生在西班牙的中產階級家庭，在家族中十一位小孩裡排行老么。他的爸爸，也就是我的祖父瓦昆・安東尼歐（Joaquín Antonio Díaz de Rábago Díez de Mier，1837-1898）[2]，是知名的經濟學家、社會學家，也是社會主義者，出身名門世家，自小就到聖地牙哥・德・孔波斯特拉（Santiago de Compostela，簡稱聖地牙哥〔Santiago〕）[3]求學，後來在當地大學教授社會學與希伯來文，寫了許多關於幫助農人脫貧和農村發展的書籍。其中的代表作《農村信貸》[4]（*El Crédito agrícola*，1883）[5]，提出農業信貸現代化的縝密分析，

2 https://bit.ly/32yfaTC

3 聖地牙哥是西班牙西北部加利西亞自治區的首都，也是著名朝聖者之路（或稱聖雅各之路，Camino de Santiago）的終點，從九世紀始即成爲天主教教徒朝聖的重要路線之一，現在則成爲各地旅客尋求心靈成長的一條路線。聖地牙哥是座古老的天主教城市，也被聯合國列爲世界文化遺產，其鎮上的聖地牙哥主教座堂也成爲著名景點。

4 http://bit.ly/2QGkQ8d

5 http://dbe.rah.es/biografias/46086/joaquin-antonio-diaz-de-rabago-y-diez-de-mier

討論西班牙農業融資的實際替代方案，以及其它歐洲國家在農業銀行和各類型合作社的基礎概念，對後世有深遠的影響，尤其在八〇、九〇年代，工人階級組織開始抬頭的氛圍之下。正因為我祖父把自身的研究投入於加利西亞的發展，所以我父親自小耳濡目染，也投入關懷困苦農民的志業。

祖父母離世後，留了許多田地給我父親，他當時繼承的財產應該能讓他過上一生的好日子，但他卻毅然賣掉田地，開沙丁魚罐頭工廠。

當時漁業不發達，冰箱等冷凍設備還未開發，加利西亞的沙丁魚漁獲量有時幾千籃上岸，如果未經加工成罐頭，一兩天後就會腐壞無法食用，人民仍會受飢餓之苦；但如果做成罐頭，就可以讓更多人有食物吃。

起初，許多人對他的決定不是很諒解，尤其是身旁的親戚們，覺得他已經有錢有地可以享福，為何要賣掉祖產。即便如此，他仍堅決執行，因為這樣才能真正幫助窮苦的人們。漸漸地有所成後，越來越多人開始願意協助我父親，沙丁魚罐頭工廠也慢慢有能力提供工作機會給當地民眾。那期間，漁獲多的時候工廠有一兩百人——在那個勞動力需求大的年代，工廠提供當地規模不小的工作機會，支持許多農民家庭度過艱難的時刻。我聽說在西班牙已經有人把這個工廠的事蹟寫成了一本書。

我的母親娜希紗（Narcisa Pérez Esteso），來自佩雷茲家族，從我外曾祖父曼努埃爾（Manuel Pérez Saenz）那輩就移居聖地牙哥，主要是做製造與販賣蠟燭的生意。佩雷茲富裕的程度未及迪亞茲・德・拉巴葛一族，但西班牙是天主教國家，而聖地牙哥是朝聖的中心，蠟燭在天主教的傳統裡，是能展現信徒奉獻精神的重要物品，因此在當地的需求量非常高。再加上那個年代，天主教的喪禮是在晚上舉辦，人們會購買許多蠟燭點亮儀式。母親的家庭所經營的蠟燭生意在地方上也有不錯的收入。

有意思的是，聖地牙哥最後一次在晚上舉辦的喪禮，就是我外曾祖父的喪禮。由於這個因素，那場喪禮盛況空前。後來我的外祖父奧林皮奧（Olimpio Pérez Rodriguez）走在街上碰到有人在辦喪，他都會參加。如果有人問他知道在棺材裡躺的是誰，他常會說：「我不知道，但不是他就是他家，至少應該有一個人參加過我父親的喪禮，所以我也應該來參加。」因為我外曾祖父那場喪禮實在太多人了。

因為佩雷茲家族在聖地牙哥做著簡單但能象徵基督傳統精神的蠟燭生意，又常到處參加不同人家的喪禮，所以在地方擁有一定的聲望和人民的信任。那個年代，許多從外地到聖地牙哥工作的人，因為擔心把賺得的現金直接帶回老家會沒有保障，因此選擇將賺到的錢寄放在佩雷茲家中。漸漸地，越來越多人這樣做，佩雷茲家族受民眾委託的存款金額也越來越高，到我外曾祖父那代，他們已經開始提供類似「農村銀行」的服務，有銀行的雛形和商標，提供人民存款利息，幫助老百姓可以透過存錢來賺錢。

我的父母親結婚後，搬到也位於拉科魯尼亞省的普埃布拉。他們皆繼承上一代助人的理想，延續農村信貸，讓農民可以在收成、播種、施肥期間貸款週轉，降低風險；在收成後也可以有安全的地方存款。除此之外，當時我的母親也因為許多人買不起田地跟房子，不忍看他們流離失所過著辛苦的日子，就和她的姐妹朋友們在聖地牙哥自組慈善事業，提供類似今日的「社會住宅」，將房子便宜出租，有需要的人只要定期付一點點租金便可以住下來，免於無家可歸之苦。我記得，母親常常不得空閒。她總是忙這忙那的，很願意幫助地方上的窮人和父親漁產工廠的員工。她也非常愛我們，她的愛是無私的[6]。

父母親樂善好施和服務鄉里的精神，從小就深深烙印在我的心裡。有時候我去父親的沙丁魚罐頭工廠看父親與其他工人的工作狀況，經常看到身體障礙的弱勢者也一起工作。我父親提供他們就業機會，並提供他們伙食與能安心睡覺的居所[7]。

從小我就覺得幫助別人是一件很自然的事情。

童年與天主開啟對話

我是個戰時出生的孩子——剛好是第一次世界大戰。

我在家中排行老七，上有四位哥哥和兩位姊姊。動盪的年代，孩子存活不易，我出生之前，一對雙胞胎姊姊和三哥已經夭折，所以我出生的時候雖是老七，前面卻只有大哥瓦昆（Joaquín）、二哥安東尼歐（Antonio）和四哥迪亞哥（Diego）三位哥哥，在我之後還有兩位妹妹雅珣敻（Asunción）、卡梅拉（Carmela）和弟弟荷西・瑪利亞（José María）。

兩次世界大戰期間，我的父母親要扶養七個孩子已經相當辛苦，二哥又因智能發展遲緩，父母更需要多費心力照顧。除此之外，從小聰明的大妹雅珣敻，本來在學業

6《我的可愛—天賜甘霖》p.22

7《我的可愛—天賜甘霖》p.22

上前景一片看好，已經順利完成高中學業，然而有一段時間，她忽然開始咳血，健康瞬間亮起紅燈。醫院診斷後確診得了肺病。在那個年代，女性能夠完成高中學業是很少數的。我上大學醫學院的時候，班上一百位學生，只有三位女生。所以當時許多人，包括我大妹高中的校長，都很感嘆優秀的大妹因身體緣故，必須在家休養，繼續上大學的夢想和任何想學習的渴望也都必須暫停。

即便家庭裡的孩子面臨如此多的挑戰和疾病纏身，我的父母仍讓孩子在一個充滿愛與天主的環境下長大和學習，更行有餘力幫助貧困的百姓過更好的生活。

從小，我就記得父母親每日皆會虔誠地向上主祈禱，他們會帶著我和哥哥和弟妹們一起唸一串玫瑰經，有時是午飯後，有時候是晚上，我會重複媽媽的禱詞——媽媽唸一句，我照著念一句。

回想起幼時的這些片段，即使什麼都記不太清楚，但我對天主、耶穌和聖母瑪利亞的記憶卻很清晰。大家都知道我後來成為神父後，習慣在每個人頭上畫十字作為祝福，那其實是我學爸媽的，他們從小就都會在我的額頭上畫十字為我祈禱。

家中牆上有個十字架，那釘在十字架上的耶穌是我與天主的第一次接觸，即使我當時才不過兩、三歲年紀。有一天的傍晚，我看著母親唸著玫瑰經，父親也在她旁邊，他們呼喚著主的名號，為孩子們祈禱，為社會大眾祈禱，那個父母親跪在十字架前虔誠祈禱的畫面，我都還清晰地記得，至今忘不了。

我與天主第二次接觸的記憶，是在我五、六歲初領聖體的時候，那是我第一次感覺到自己和天主正在對話。我們家離耶穌會的教堂很近，當時母親開始帶我去耶穌會的教堂辦告解，那段時間是我記憶以來，最早開始特別感覺得到主的存在與陪伴。

我與兄弟姊妹自小學就都被爸媽送到外地的耶穌會或女修會的寄宿學校，自幼外宿，需要練習獨立自主，加上教會學校生活起居嚴謹，也有要遵循的規範。即便如此，我並不覺得那段時光缺少了家人的陪伴。一方面是我與哥哥一起上學，不覺得孤單；另一方面在假日返家時，也更加珍惜和爸媽相處的時光。我記得那時候，爸爸還問我們有沒有去探望姑姑們，尤其是還沒有結婚的幾位，爸爸對她們的愛和尊敬，我也感受得到。回想起小學唸書的時光，都是充滿歡笑和有愛的日子。

一九二四年到一九二七年，我在加利西亞地區南側的維果（Vigo）就讀耶穌會的小學。

維果是一個鄰近葡萄牙的邊境城市，文化多元開放，語言也有著豐富的色彩，可能是我在這樣的環境成長，使得日後面對不同文化時更有包容力吧！維果在發展上，也比起我的故鄉普埃布拉更加先進。維果小學有兩個校區，校園裡有花園和體育場，鎮上也有一些建設，像是電纜車、大郵輪、足球場……哇！這些在幼小的我眼裡，都覺得好大好新鮮啊！

學校有很多豐富的圖書資源，還有老師們分享海外神職人員的福傳經驗，讓我有機會以各種角度認識、思索這個世界。

大約七歲的時候，我在學校讀到書上的一個故事。故事發生在法國，有個年輕人被判了死刑，等待執行死刑的期間，年輕人不願意開口講話，也不願意見監獄依例安排的輔導。有位神父自告奮勇去見這個年輕人，告訴他：「我不跟你說話。」他們便默默相對。

沉默了許久，年輕人終於開口說話：「我沒有錯，我不是壞人。」

神父說：「我知道，你是好人。」

年輕人又說：「我不是壞人。」

神父說：「你是好人。」

年輕人於是激動地哭喊：「來殺我吧！來殺我沒關係！我是個好人！我是好人！」

他告訴神父，自己從小生長在孤兒院，沒有人認養，就這樣孤伶地於黑暗中長大。這輩子沒有一個人跟他說過他是好人。如果以前就有人告訴他「你是好人」，那一切一定會不一樣。

我讀了這個故事之後，驚覺「愛」對一個人的成長是不可缺少的。

自一九二七到一九三三年間，我到聖地牙哥耶穌會所創辦的中學就讀（西班牙的中學包含初中三年及高中三年），當時是跳級提早完成小學學業。有人說我天資聰穎，其實我只是在升學的路上比較幸運而已。但從小與我感情最好的四哥迪亞哥，升學路就不是那麼順遂了。

我與四哥，形同雙胞胎，求學的過程中兩人都一起。初中到高中有個升學考試，大考之前，四哥因為太投入幫助朋友溫習課業，反倒弄得自己考試不及格被留級，因此還被分到跟我同一班，變成我的同學。

我很佩服四哥，他不管別的同學怎麼看他，不覺得和我分到同一班很丟臉，一樣笑臉迎人，善待他人，我知道他是因為考試時想幫助別人，結果沒有顧好自己的成績。而我則是先顧好自己份內的工作，所以我通過考試。我倆成為同學後，變得更加形影不離。

我從小在家庭裡受到愛的滋養，也很早就與天主開啟了許多的對話與互動。求學時代在耶穌會學校的帶領下，則是更進一步在信仰的道路上深化扎根。

除此之外，我爸爸、媽媽、哥哥都喜歡幫助人，對我們這一輩的孩子來說，有深遠的影響。我們在不知不覺中也承襲爸媽一脈相承下來關懷社會的家族精神，像是我的大哥後來以醫生作為人生志業，弟弟則成為耶穌會會士服務人群。我看著家人都喜歡幫助人，我也想幫助人，但不知道該如何去做。想用不同於父母親的方式，看到大哥學醫，覺得醫生可以給人健康與平安，因此決定走上學醫的路[8]。

我的小妹卡梅拉則是在長大成家後，除了和母親一樣生了十個小孩，給予細心有愛的照顧之外，每一年她也都會在聖地牙哥市的街上，為城裡的癌症病患募款。

家庭確實潛移默化地影響我在人生道路上的選擇，讓我往後有機會成為散播愛與祝福的人。

烽火煙硝下的習醫時光與傷痛

一九三三年，我順利進入聖地牙哥大學（Universidade de Santiago de Compostela）醫學與外科學系（Cirurxía e Especialidades Médico-Cirúrxicas）[9]。

當時西班牙正值政局最動盪不安的時期，社會存在諸多矛盾與意識對立，左派勢力的西班牙共和軍和人民陣線，及右翼組織如以佛朗西斯科・佛朗哥（Francisco Franco）為首的西班牙國民軍和西班牙長槍黨等，不斷地互相攻擊。天主教徒多半支持右派，反教權主義者則與左派聯手（巴斯克地區為例外，即使歸屬天主教，這區同時也擁護共和政體[10]），左右派衝突越演越烈，緊繃的局勢令整個社會躁動不安。

我在學校的學習也受到極大的影響。在大二那一年，西班牙已經出現明顯的動亂跡象，學校順應時勢，有許多自發性的時事專題研討會。我身旁幾位好友特別熱衷政治，積極參與；我則盡量避免與好友討論敏感的政治議題，選擇與四哥參加教會舉辦

8 《我的可愛—天賜甘霖》p. 22
9 屬於醫學與牙醫學院之下的科系：http://www.usc.gal/es/departamentos/cemc/index.html
10 《我的可愛—天賜甘霖》p.87

的活動，這讓我們能在動盪中尋得一份內心的平靜。

我們選擇加入學校的聖母會（Sodality of Our Lady，即基督生活團〔Christian Life Community〕的前身），繼續在信仰上學習，並與同伴一同服務社區。其中讓我印象最深刻的是定期拜訪痲瘋病的患者，作為醫學院的學生，那次的經歷，培養了我對病人的態度——不論身患痲瘋或是其它病症的患者，我都關懷他們。

然而，隱約之間我也發現，有些好朋友和我在政治上的想法截然不同，對立的牆無形地樹立在意見不同的群體間。很可惜地，我因此在那段時間失去了幾位摯友，即使為數不多，但這些情況已經讓我極度不安與挫折。幸好在基督信仰裡，沒有所謂的仇恨：「如果你無法愛你的敵人，你永遠可以按耶穌告訴我們的那樣為他們祈禱。」我謹記著這段話，渡過那段時日。

除此之外，我對於西班牙的未來也深感擔憂。我不知道國家會發展成什麼樣子？要如何面對社會的撕裂？課業是不是還能夠繼續？我的未來又會在何處[11]？

一九三六年七月，西班牙內戰最終仍然爆發。

學校被迫停課，西班牙人民的生活也被迫停擺，甚至犧牲諸多人的性命。在戰火中，有人逃亡，有人喪生，多數人則得想辦法繼續生活。我的求學被宣告暫停。一九三七年，許多青年和軍官都在沙場上戰死，政府需要徵召更多青年。我與四哥迪亞哥和十來位好朋友相約從軍，起初我們仍在等待通知，因為政府還在緊急組織志願軍隊。幾天後，便加入了部隊。

這支部隊的人數僅有幾百人，我們先後被送到位在非洲的西班牙殖民地——摩洛哥的軍營受訓，政府同時期也根據男性有服義務兵的法律，向各個家庭徵召適齡男性從軍。

我們家五個兄弟中，小弟當時因為太小還不適合從軍；大哥是X光科主任，行醫已久，因擁有醫學的專業背景被召去一所軍醫院工作；二哥因智能發展遲緩，所以待在家中幫忙父親的工廠；四哥和我本來就已經參與志願軍。雖然兩人同時自願參軍，我卻早四哥一個月被派往摩洛哥。

我在摩洛哥與好友們一同接受一個月的短期軍事訓練，結訓後立刻被授予軍階。

11《我的可愛—天賜甘霖》p.25。

我一下就成為少尉軍官。不久便銜命從摩洛哥出發，跨越直布羅陀海峽回到西班牙本土打仗[12]。回到西班牙，我與好友一起爭取在一個軍團下服務，當時我們去找指揮官，那時軍團有三個空缺，我們覺得兩人都會補上，一同出任務。但指揮官指著朋友說：「你！還有位子」，然後轉身向我說：「你！沒有」。最後只有朋友被選中，因為有其他兩人也想爭取那三個位置。雖然我很難過自己沒被選上，但朋友確實比我優秀許多。

後來我才知道，不到幾個月，那三個人當中，兩個死了，一個終身殘疾。而我所負責的區域，則幸運地因未有敵軍攻堅，在內戰期間保住一條命。

假如那時，不是天主的安排，今天我就沒有機會在這裡和大家說這些話了。天主對我的領導全是最好的，那些同學比我都優秀，但是天主揀選了我成為祂的器皿。這件事情活生生地烙印在我的腦海中[13]。

除了陰錯陽差失去了好友，我也在西班牙內戰期間，失去最摯愛的四哥。

我先被派到摩洛哥受訓，一個月訓練結束離開後，四哥才正要前往摩洛哥；四哥後來被派到不同地區駐軍，因此沒有機會再碰到他。直到一九三八年當我回到家時，四哥已經死了！

我真的不敢相信，他走了！我最後一次收到他訊息，是他告訴我他正要前往摩洛哥，希望我能為他預備報名受訓的事宜。

得知四哥的死訊，已經是他戰死的一個禮拜後。因戰亂期間傳訊不易，我是在地方的報紙上看到刊登四哥死亡的訊息。當時有人拿著報紙向我衝過來，問我說：「這個迪亞哥・迪亞茲・德・拉巴葛是不是就是你的哥哥迪亞哥？」那個當下我才知道他已命喪戰場。

我和大哥都是陸續在報紙上得知四哥死亡的消息。一般來說，應是家人先收到死亡通知單，但很奇怪的是，家人都沒有收到。還好大哥得知後，先打了電話告知家人，並得到主管的許可讓他去辦理四哥遺體運送回家的事宜。

那天我真的好難過好難過，一個人在離家幾百公里之外的營區，獨自面對失去四哥的痛苦，我們如同雙胞胎般的手足親情，卻是以這樣愕然的方式得知他的死訊，就

12《我的可愛—天賜甘霖》p.26
13《我的可愛—天賜甘霖》p.76

連送四哥最後一程也來不及。我真的太想念他了。

返鄉那天的情景歷歷在目，當時四哥已經安葬了。那天，爸爸等在家門口，一看到我，就上前來緊緊抱住我。

我永遠記得，我們兩人眼中同時湧出的淚水，忘不了，真的忘不了。

一場內戰，奪走我的摯友與四哥，也奪走家族裡另外四個孩子。

除了四哥，我的阿姨失去兩個小孩，姑姑也痛喪兩個兒子。我深深記得那幅畫面，三位母親在痛失孩子之後，跪在地上，向上天祈求——她們真誠地向天主祈禱內戰可以快點結束，也祈求其他母親不要和她們一樣，需要面對在內戰失去至親的傷痛。

這也讓一生經歷多次內戰的我更有感觸。

有好多母親如同我家族裡的媽媽們一樣，在戰爭中因失去孩子而痛心疾首。內戰，就是與自己的兄弟姐妹廝殺啊！真的很難過，打的都是自己國家的人，當時每天都會聽到誰誰誰被殺了。

我是一個在一戰期間出生的孩子，人生歷經了三場內戰，西班牙、中國、東帝汶，一直到現在也都還有內戰在不同地方延燒著……我每次提到戰爭，想到的就是三位母親流淚祈禱的畫面，在各地的內戰裡，都有很多痛苦心碎的母親。

面對人生的第一道大浪，往悲痛裡鑽不是辦法，我相信在內戰期間求得的平安，是天主最好的安排。

爸爸在我們被徵召從軍後，其實有寫一封信給我和四哥。

他說他不太擔心我，因為我從出生時就帶了很多好運，根本是「站著出生」（nació de pie）。在西班牙文裡，這句話是形容人註定一生順遂。反觀四哥，人生中有許多不易度過的關卡，爸爸當時特別擔心四哥上戰場會出事。結果真的如爸爸所說的，我被派往的戰區很幸運地沒有被攻擊，但四哥所在的地方就沒那麼幸運了。冥冥之中像是一道指引，即使四哥的死並未直接決定我走向聖召之路，卻因目睹過戰亂，歷經喪親，更明白把握每個當下，好好珍愛身邊的人。

內戰打了兩年九個月，一九三九年四月內戰結束，其後是佛朗哥長達四十年的獨裁統治。

內戰前我仍在聖地牙哥大學就讀醫學與外科學系，戰爭卻在我們的期末考前爆發。戰後國家為了早日恢復國力，學校提供密集課程，以彌補在戰亂時期被迫停擱的進度。消化吸收的時間大幅縮減，但我們仍然需要通過考試才能夠畢業。

我有一位表哥倒是很有意思，他和我同校，因為他知道士兵不能攻打駐外大使館，內戰時他就非常聰明地躲到大使館，一躲就是三年！還叫其他人拿教科書給他。在三年內戰期間全心唸書，戰爭結束後他順利通過畢業考試。

但我就沒那麼容易了，被調派去受訓和備戰，學校教的課程在戰爭期間已經忘了不少，醫學系本身已經比其他科系更難唸，我又要以兩倍的速度吸收課堂的內容，所以回到學校後必須要拚了命讀書才可以畢業。

也因當時「趕著畢業」的特殊情況，我們同屆的醫學生之間流傳著一個笑話，在畢業互道珍重時，大家的道別詞是：「巴不得不要再遇見你！」因認定彼此的醫術水準不夠，擔心哪天進了醫院遇到同屆的同學，下場必定很慘。我們都互相調侃：「後會無期，永不相遇！」

一九四〇年七月，我終於從醫學院畢業。

2 聖召之路

雖然受大哥影響選擇醫學系，我的計畫卻在內戰中被打亂，意外地開闢另一條往聖召之路。

從小到大的求學期間，我都被一種「到中國傳教」的氛圍所影響。因為我讀的是耶穌會所辦的教會小學，所以從那時就在學校裡學習聖方濟・沙勿略（San Francisco Xavier）的祈禱——「入耶穌會；到中國傳教。」

當時耶穌會西班牙省傳教士在中國負責安徽省安慶教區及蕪湖教區的福傳工作，學校常有來自中國的消息。老師們會在課堂上分享這些傳教故事[14]，我們也會一起為

14 西班牙耶穌會神父負責的安徽省蕪湖教區和安慶教區。https://zh.wikipedia.org/wiki/%E8%80%B6%E7%A8%A3%E4%BC%9A

中國人民祈禱。這些因子讓我有機會得知中國百姓承受的生活疾苦，默默地在我心裡埋下到中國服務的種子。

那時我心裡常常想著，總有一天我要去看一看這個別人口中的「中國」到底是什麼樣子[15]。

然而，我在大學習醫的時期，仍是努力地想在世俗眼中成為一位好醫生。我認識了一個特別的女孩，名叫葛蘿莉雅（化名）——她非常優秀，人見人愛。

愛情的抉擇

我當時並不知道，她會成為影響我一生至深的人。

那個時候我還是個不折不扣的青少年。很多人都是這樣吧！

我和我一個最好的朋友同時喜歡上她，起初我們會一起談論她，一起去她曾經去過的地方，討論她的打扮和穿著，閒聊她的個性和氣質，回想她說過的話。我們其實也沒想過，在現實中漸漸成為「爭奪同一顆珍珠」的情敵。

我和朋友之間，開始產生許多的衝突與矛盾，我決定慢慢地退出這個爭奪「珍珠」

的行列。

但在內戰期間，事情有些轉機，我開始從前線寫信給葛蘿莉雅。記得有一張我從摩洛哥的步兵軍事學院畢業後拍攝的「陸軍少尉」照片，我請妹妹交給葛蘿莉雅，但她卻忘了轉交。奇妙的是，多年以後，那張照片出現在妹妹的房間裡，而且被夾在一本書中。有可能是妹妹故意的吧！但這段在戰火煙硝中的情緣，讓我們特別珍惜彼此。

葛蘿莉雅和我兩家人的關係也非常緊密，她的爸爸在之後成為我大學醫學系的教授，和我的爸媽及其他家人也都是很要好的朋友。我與葛蘿莉雅當時在別人眼中，大概就是臺灣人說的那種金童玉女吧！兩家都是書香門第，也同為基督的信徒。

當時的我開始對婚姻生活有了美好的想像。

畢業前夕，我認真地思索著自己的未來。尤其西班牙內戰剛結束，前途的發展充滿著不確定性。我很清楚當時和女友的感情非常真摯，我深愛著葛蘿莉雅，而且那份愛是非常特別的，我對眾人的愛是無法與之相比的。

15《我的可愛——天賜甘霖》p. 34

但我也常常在想，畢業以後，真要跟這個女孩子結婚，過一輩子的婚姻生活嗎？[16]即使這份感情看似穩定，我卻也隱約感受到另一股未知的呼喚在內心悄然升起。這些內在的聲音，使我感到非常的迷茫，甚至到了食不知味的地步。

從小，不論是在家庭受到的影響，還是之後在耶穌會學校的學習，每當我想像自己的未來，成為醫生應該是我最終的思考選項。可能因為大哥從醫，某種程度影響了我。

然而，「成為神父」的選項，自幼就已經內化在我的心中。接著葛蘿莉雅出現了，帶給我的人生很大的影響，同時也讓我未來的抉擇更加複雜。

一方面，多年累積而來渴望跟隨著天主，一生為天主服務的念頭從未消退；另一方面是她——我心中最棒的女孩。該怎麼辦？該怎麼做？尤其在我畢業的當下。未來，究竟要往哪裡走？

「耶穌會士vs.結婚與行醫」，要在這之中做抉擇，對即將要畢業的我而言實在是太兩難了。

因此，我決定去做避靜，讓心沉澱分辨，好好地靜下來思考、分辨我真正想要的是什麼。

我的弟弟在西班牙內戰期間就加入了耶穌會，我們家人並沒有機會和他聊太多要走上修道之路的原因，但就我對弟弟的了解，我一點都不意外他的決定。可以確定的是，這個決定也間接影響了我。

大學畢業前的幾個月，我決定到小弟所屬的薩拉曼卡（Salamanca）耶穌會會院做個別指導式避靜，透過完全靜默與每日祈禱的生活，專注與天主獨處，好好思考未來。「避靜」這樣的靜默靈修操練，帶領者會按照避靜者的需要，以耶穌會會祖聖依納爵・羅耀拉（San Ignacio de Loyola）所著的《神操》（*The Spiritual Exercises*）來進行。

一四九一年，聖依納爵出生於西班牙北部的阿斯佩蒂亞（Azpeitia）小城，於一五二一年皈依後成為清貧生活的實踐者，他將自己靈修上的體悟和經驗整理出來，多年後集結成為《神操》靈修指導手冊。聖依納爵在一五三四年，與跟著他一起做神操的夥伴一同前往巴黎附近蒙馬特山的教堂裡，同心發願守貧與貞潔的生活，將自己獻給

16《我的可愛——天賜甘霖》p.29

基督。一五三七年，他與這群夥伴在威尼斯一座簡陋修道院再次相聚，準備前往聖地。一五四〇年，獲得教宗保祿三世（Paulus III）的正式批准，這個新修會取名耶穌會[17]。

在眾多修會中，耶穌會以訓練嚴格著稱，會士除了必須宣發終生「守貞、守貧、服從」三聖願，向天主獻出自己的全部，還有獨特的第四願——服從教宗[18]。《神操》在教宗保祿三世認可後，成為日後耶穌會士靈修操練的藍本。

這本靈修手冊是為指導避靜者，避靜一般按照個人或團體需要為期三至八天，完整神操避靜則是大約三十天。指導避靜者幫助操練者應用口禱、默想和默觀，聚焦思索個人受造的意義、耶穌基督的生平及福音，對天主抱持開放信任的態度，並學習在一切事物中找到天主，敏於聆聽及答覆天主的旨意。

同時，避靜也幫助人們透過自我意識的反省、覺察與分辨，培養獻身於行動的能力，進而更接近基督、發展出與天主之間成熟的關係，達到身體、心智、情緒的平靜[19]。此外，在個別指導式避靜進行時，通常有一位靈修指導每天與避靜者談話，幫助避靜者留意聆聽內心最深的渴望，而從中察覺天主的召喚。

那時帶領我做避靜的老神父，曾經擔任羅馬耶穌會總會的祕書長（Secretary

General），他幫助我好好分辨自己的選擇。在避靜的前三天，我不斷詢問自己是否該過婚姻生活。

我仍然想結婚。

第一天，答案一樣。

第二天，依然沒有改變。

第三天，老神父並不反對，他說結婚是一件很好的事，他沒有試圖說服我應該要選擇哪一條路，但想結婚的念頭並沒有使我內心感到平安。因此，在二人的共同商議下將原本的三日避靜延長到五天，使我有足夠的時間好好決定。

經過了三天的分辨，到了第四天，我睡覺起來後，很清楚自己應該選擇的是修道這條路，我發現天主和我的人生計劃都是選擇成為神職人員的聖召。

我發現自己認為應該結婚的各種理由，都不是為了個人，而是考慮到女朋友和對

17 https://religion.moi.gov.tw/Knowledge/Content?ci=2&cid=302
18 https://tcnn.org.tw/archives/23558
19 https://religion.moi.gov.tw/Knowledge/Content?ci=2&cid=302

方的家庭。我並沒有真的了解自己內心最想要的是什麼。當我真正分辨出自己是被更大的愛情吸引——內心那份為天主服務的渴望，才明白男女之愛終究無法超越天主的愛。

我和老神父說了自己的領悟。

他回應：「這是你決定的，不是我。這很重要，這應該由你自己決定，不是別人，你也要完全為此負責。爸媽和朋友能夠幫忙你，但是最後決定仍然是你自己。」

那時我不太明白他的意思，但在我入耶穌會多年後，我終於理解了——最重要的是要靠自己釐清婚姻生活與修會生活之間的抉擇。

所以，成為神父後，我也不斷告訴身邊的人：「做決定的，是你自己！還有天主。」有時候我說話可能會很幽默很俏皮，但是我是很認真地、打從心底地想和大家說——關於人生大事，將自己放在在天主台前，與祂一同做決定。

我下定決心要成為神父了。但接下來呢？

第一個迫切的問題是：該如何告訴葛蘿莉雅？

這很難，因為我對她的愛很深，她是無可取代的。我避靜回來，並沒有馬上告訴任何人我的決定——包括葛蘿莉雅。我深思許久，決定漸漸對她變得冷淡，慢慢地讓她知道在薩拉曼卡有事情發生了。

而葛蘿莉雅也察覺到我變得不太一樣。

過一陣子的某個平日，我說要陪葛蘿莉雅望彌撒。我去接她，準備一起到教堂。對信仰基督的人來說，不是在禮拜天的日子參加彌撒是很尋常的，這也不是第一次兩人一起參加彌撒了，所以一切好像就如平常一樣。但不知道怎麼的，這次我們走著走著，感覺時間過得好漫長，路途變得好遙遠。即使從家裡到教堂的路，我們一起牽手走過好多次，這次卻好像怎麼走也走不完。

「聖堂在哪裡？怎麼還沒到？」我在心裡問著，百感交集。幾十年後，我仍然記得那時候的煎熬和焦慮。

到了教堂，我們兩人一起走進去。我給了葛蘿莉雅一封親筆信，心裡覺得很對不起她，又很希望能獲得她的理解。

等葛蘿莉雅讀完信，我終於在耶穌面前向她開口，「我想當神父，妳應該有感覺到我的不同。」

她確實也已經察覺我想當神父的決心。

我們就在耶穌的面前坐著，兩個人都很難受。並肩坐了幾分鐘，彼此靜默著。

最後，我說：「妳為我祈禱吧！」

一旁的她轉過頭來，杏眼圓睜地回道：「你才該為我祈禱吧！我比你更需要！」

我一直記得她那時候的表情，現在回憶起來還是會會心一笑。

後來我這位「唯一的女朋友」也結了婚，有了自己的孩子，在天主保佑下平安地生活，直到前幾年離世。不過，她活到九十幾歲，所以如果當初我們結婚了，我現在就是鰥夫了喔！

還有，我要強調，我是在畢業前就跟她分手囉！她爸爸是我的教授，如果到畢業後才提分手，那就太不好意思了。現在想起當時年少的青澀神態，還是會覺得怪尷尬的。

在我決定當神父之後，我與葛蘿莉雅還是保持很美好的互動，幾十年來都是好朋友。

這是一段超越世俗定義的感情關係。

我曾提過人生中影響我的三個關鍵人物，其中一位，就是葛蘿莉雅。我倆都是基督的信徒，在我選擇走上修道之路後，也等同於放棄我們結為連理的機會，但她還是給予我很大的鼓勵和支持。我很感謝她，不論是對事情的看法、家庭和未來的選擇。她真的幫助我很多。

不過，有一句話她說的不對。我是真的更需要祈禱，因為聖召這條路真的不是普通的困難。

進入耶穌會

畢業後，我回到家中，全家一起吃晚飯，慶祝我完成醫學院的學業。那天，一家人圍坐在餐桌旁，我告訴家人：後天我就要到薩拉曼卡加入耶穌會的決定。

這突然的訊息讓大家大為訝異。

爸媽在我回到家之後，只知道我和女友分手了。我很擔心他們會反對我的決定，雖然我不是家中第一位決定將神職作為志業的孩子——我的弟弟天資聰穎，喜歡教育，比我早入耶穌會，並在西班牙成為神父。即便如此，我在入耶穌會前兩天和家人一起吃晚餐，才提起勇氣告知他們這麼重要的消息，難免還是對家人感到抱歉。

沒想到，父母親都感到驚喜、大力支持。母親更是雀躍萬分，因為她內心一直都渴望著，有朝一日，這個兒子能夠成為神父。只有小妹有些埋怨，覺得我為何這麼晚才說。她對於很快要面臨哥哥的離開感到不捨，但仍然是支持我的決定。

我也曾懷疑母親是否真的贊同我，還是為了不想讓我感到失望。多年後我和大妹談起此事，才知道即使在我有女友的時候，母親還是沒有放棄希望我從事神職的心願。母親認識葛蘿莉雅，也很喜歡這個女孩子，但她曾私下和妹妹說：「雖然你哥哥有女朋友，但我認為他仍有希望當神父。」母親日夜祈禱，盼望自己的兒子能當神父，當她聽到我決定與女友分手，並走上修道生活，相當感到欣慰。

醫學系畢業後兩個月，我在一九四〇年九月二十六日加入耶穌會，於撒拉曼卡入初學院，並同時在西班牙桑坦德市（Santander）的宗座柯彌拉斯大學（Universidad Pontificia Comillas）修讀哲學[20]。

和我同時期進入耶穌會的初學修士，除了三位是大學畢業，其他都是高中畢業生。我經歷過內戰時期的磨練後，一時之間要和五十幾位約十八、九歲的「小孩子們」一起上課、一同生活，確實是面臨不少適應上的困難[21]。

會有這些困難都是很正常的，我和他們對事情的反應非常不同，但我主動採取行動適應這樣的情況，想辦法了解他們並進一步學習如何與他們共處。

不過，真要說我怎麼渡過的，答案只有一個：信靠天主。

這個經驗幫助了我在不同情況下分辨學習。人不可能不和與自己相異的人互動。因此，我必須學習主動去瞭解別人，不是要求別人來理解我。

當遇到困惑、不順遂時，我更應該主動去瞭解時空狀況，自己學習去面對。修會生活的重要態度就是主動，用同理心去和他人互動，而非要求別人來適應我[22]。

耶穌會對於會士的養成十分重視，以我那個時代為例，每位會士前後都要經歷六個階段，十六個年頭的嚴格訓練——初學兩年、文學三年、哲學三年、試教三年、神

20 就讀神學院，神學與哲學都是必修。
21 《我的可愛—天賜甘霖》p.30
22 《我的可愛—天賜甘霖》p. 31

學四年以及卒試一年。

兩年的初學（Novitiate）[23]，是長上考核和個人下定決心的時期。是對於初學導師的帶領下，修士開始認識耶穌會的精神、歷史和靈修。

每天生活規律，強調祈禱的重要和親身體驗。清晨會先有一小時的祈禱，接著是彌撒。早餐後，就開始上課、讀書、學習、研究等。體力勞作部分包括整理庭園、清掃廁所和清洗廚房。下午會再進行半小時的祈禱。晚飯後，則是較輕鬆的休閒活動時間。

學習謙遜地承認犯錯也是初學階段的重點。每個月一到兩次，在祈禱後，大家會坐下來，修士們要勇敢地在大家面前下跪，敘述並且承認自己的錯誤，同時也接受他人的指教。除此之外，配合較長的寒暑假，有時修士們會被安排到醫院服務。

初學階段最重要的是對於「生活」的體驗和考驗，透過這些課程和活動來認識自己、培養謙遜的態度以及效法耶穌的精神。兩年後，修士才可以矢發初願（First Vows）——承諾終其一生都奉獻給耶穌會，成為耶穌會士[24]。

第二階段為三年的文學素養（Juniorate）課程，主要是拉丁文和希臘文等的語言學習，以及一些現代語言如英文、法文等。在梵蒂岡第二屆大公會議（一九六〇年代）[25]之前，天主教會的官方語言是拉丁文，因此彌撒禮儀多以拉丁經文、拉丁聖歌進行。哲學和神學課本也多以拉丁文撰寫。這個階段主要以學習語言為主，為未來修習哲學和神學鋪路。

第三階段是修讀哲學三年，透過哲學的訓練，教導會士正確的思考辯證以及邏輯推理。另一方面也探討生命的意義和真理，以及道德觀等重要的價值思考，為修讀神學立下基礎。結束後需要撰寫一篇小論文，才能獲得學位。

讀完哲學後，我因為懷抱著到中國傳教的理想，並渴望用自己的醫學背景，作成為能醫治人心、也能醫治身體病痛的良醫。

我因此向省會長表明想到中國的理想，也向他請求：如果真的安排我去中國的話，能允許我先完成醫學博士的學業。會長同意了我的請求，於是在一九四四年，我

---

23 《我的可愛—天賜甘霖》p. 47-49

24 但這些修士們仍須藉由往後的課程來更了解天主的旨意。而卒試結束後，會士們則會發末願。

25 《我的可愛—天賜甘霖》p. 48

到西班牙馬德里大學（Universidad de Madrid）攻讀醫學博士學位。我的大哥當時已是X光科主任，他很樂意幫助我進修醫學專業。

攻讀博士學位期間，我的論文是有關新問世醫療器材「斷層掃描攝影」的研究。在與指導教授討論後，我專研「斷層攝影運用於脊椎部分的放射線醫學」[26]。在那個沒有電腦以及全西班牙僅有六部斷層攝影儀器[27]的年代，這是當時第一篇相關的論文。一九四七年，我順利地獲得馬德里大學醫學博士。

離開西班牙的日子即將到來。在會士養成的第四階段—試教（Regency）[28]，主要是讓修士能接觸具體的使徒工作，實際體會福傳、牧靈和服務人群的苦辣酸甜。外籍修士要到中國傳教，也利用這段時間學習中文。試教時期的修士，需要實際的和外在真實世界有所接觸，這是我踏上中國繼續完成會士訓練的一個重要里程。讀書修士們通過試教的考驗後，才有資格念神學[29]。

實踐從小的傳教夢想

獲得醫學博士學位後，我將前往中國，實踐自小深植心中的傳教夢想。

按西班牙耶穌會的傳統，出國前，修會都會為會士們舉辦一個隆重盛大的歡送會。我離開前，和同一批的一百多名修士一同參加歡送會，大家彼此致意與祝福。一位修士同學的父親感慨地跟我爸爸說：「我們送孩子們到外國傳教，一方面很光榮，一方面很感傷，因為那是我們與孩子相聚的最後時刻，以後可能再也見不到他們了。」[30]

耶穌會當年是不允許傳教士回國探親的[31]，因此這次的歡送，可能是父母親與孩子的永別。歡送會上快樂與傷感交織參雜，我的家人也離情依依、非常不捨。

上飛機的前一刻，父親忍不住熱淚盈眶地說：「我們把你交給了天主！從此，你

26《我的可愛—天賜甘霖》p. 32
27《我的可愛—天賜甘霖》p. 85
28《我的可愛—天賜甘霖》p.49
29 神學內容包含聖經、教會論、基督論、聖三論、聖母論、天堂地獄、倫理學、教會史、教父作品選集、大公會議文獻等。當年這些課程須閱讀原文，即希臘文，但以拉丁文講授。念完第三年的神學後，即祝聖爲神父。之後，繼續念第四年，以獲得神學碩士學位。
30《我的可愛—天賜甘霖》p.33
31 修會在十五年後改變這項規定。

就是屬於天主的！」[32]母親也上前擁抱我，深情地在我耳邊低語：「別為父親和我擔心，只管去做你必須做的事。」

母親的這段話，深深地印刻在我腦海中，每次提起，仍然會忍不住掉眼淚，對於一位深愛孩子的母親來說，需要多堅強的勇氣和多寬大的愛，才能將這句話說出口。而這也成為母親對我當面親囑的最後一句話。

幾年之後，我到了菲律賓時，科技發達一些，可以打越洋電話，但在那個年代電話費很貴，收訊也差。有一次接到媽媽打來的越洋電話，當時只有我聽得到她的聲音，她卻聽不到我的聲音。

對，從我離開西班牙後，她就再也沒有聽過我的聲音了……後來父母親結婚五十週年的慶祝，大哥曾寫信給省會長，請求特准我回西班牙探親，但卻未得到會長的許可，我也因此錯過離家後唯一一次能見到母親的機會，之後母親便因癌症離世了。

雖然很傷感，但我並不感到難過。

事實上，從一九四七年告別之後，我就將自己完全奉獻給天主，不論未來是否還有機會再回到家鄉，見到家人，態度上已經有了明確的改變。不論什麼情況，一旦選擇離開就不再回頭。

成為神父之後，我未曾後悔踏上聖召之路，因為這是天主的恩典，是一種光榮和責任，我認為應該要以快樂開放的心態，全心全意為天主工作。

後來在東帝汶時，我有了第一次回西班牙的機會。從東帝汶飛到梵蒂岡，在離家二十幾年後，終於和家人再度團聚，但當時母親已經回到天主的懷抱。

其實能有機會和家人在幾十年後相聚，我覺得已經是天主給的最好禮物。回去時我的爸爸、兩個哥哥、兩個妹妹和小弟都在，大嫂和妹夫也同桌共聚——只差媽媽就是大團圓了。

當時我非常開心可以和家人再次見面，一起吃飯，一起回憶往事。

相聚時，大家都很想念媽媽。尤其是爸爸，我記得他還說：「我身上所有好的部分，都是你媽媽給予的。」我爸爸說得有點太過了，畢竟祖父母和幾位姑姑都很疼他，他享受了許多來自母親和姊姊的關愛——但爸爸真的很愛媽媽啊！

32《我的可愛—天賜甘霖》p.34

你知道嗎？我的這一生錯過了所有家人的喪禮！

除了西班牙內戰時錯過了四哥的葬禮，後續包括雙親、大哥、二哥、兩個妹妹和小弟，他們的告別式我一個都沒有辦法參加。這在中華文化裡可是很奇怪的對吧！其實，不論是哪個地方的文化，錯過所有家人的喪禮都是一件非常感傷的事。

我真的不是故意的，要故意都不參加也很難啊！我這樣說是不是太淘氣了，哈！但我很清楚這是走上修道之路必要的犧牲——要全心全意將自己完全奉獻給需要的人。

因此，有生之年能夠有緣再見、同桌吃飯，於我，已經是美麗的福份。

我也知道見到家人只是暫時的，不能將這思念的情緒過度的擴張。我的一生仍然是選擇與天主同行，有等著我回去的羊群。因此，團聚不久後，我便回到東帝汶繼續工作。

直到今天，我從沒有懷疑過自己的決定。我很清楚要成為神職人員，這是天主的意思，也是我自己的意思，我沒有懷疑！更何況，就算現在反悔也來不及了[33]！

在個人小愛與天主大愛之間掙扎來回，然而做了決定之後便豁然開朗，我選擇犧牲小我的男女愛情、家庭親情，追隨天主的安排，前往完全陌生的國度傳播福音。

一九四七年，跟隨著天主的指引，轉了幾班天上飛的飛機、路上跑的火車，經過數趟旅行之後，我抵達了當時局勢動盪的——中國北平。

33《我的可愛——天賜甘霖》p.30

Part Two

動盪時代下的流離與轉機

3 中國的記憶

一九四七年十一月九日的寒冬清晨，飛機從馬德里緩緩起飛。

我望向窗外，看著漸漸變小直到不見的城市，帶著不能回頭的覺悟，與滋養我成長的土地告別。第一次的遠程旅行，就要去到中國如此陌生的國度，沒有忐忑是騙人的，但天主帶給我平靜，相信祂會領我去到該去的地方。

我與一行耶穌會會士[34]和耶穌孝女會[35]（Hijas de Jesús）的修女們搭同一班菲航的班機去中國——這是西班牙的耶穌會在二戰後，派往中國傳教區的第一批會士與修女。旅程相當漫長，先在羅馬轉機。本來預計停留一夜，卻因為飛機故障需要維修，變成在羅馬停留了一天，航空公司還特別租了一輛巴士，讓我們在市區觀光消磨時間。

意外地有了機會一探羅馬這座美麗而神聖的城市。

我們行走在歷史悠久的古城，被基督世界的精神環抱，探訪耶穌會會院，也是會祖聖依納爵・羅耀拉（San Ignacio de Loyola）曾經住過的地方，也拜訪聖伯多祿大殿，覲見教宗庇護十二世[36]。

耶穌會至今近五百年的歷史，總部設於羅馬，也是現任教宗方濟各所屬的修會，在世界各地有深遠的影響力，是一個跨國的國際修會，當時也深入中國各個省份推動福傳。它的服務內容範圍跨及堂區、學校、宿舍、文教中心、靈修中心、修道院、神學院等。

在羅馬轉機後，我們行經里達（以色列的舊名）、巴基斯坦喀拉蚩、馬尼拉、香港、再搭船抵達中國上海。

---

34 會士包含神父、讀書修士（指將來會晉鐸爲神父者）、終身修士一起去到中國，且必須學習中文始能傳教。

35 耶穌瑪利亞甘第達於一八七一年十二月八日於無玷聖母特殊的庇護下在西班牙薩拉曼卡（Salamanca）創立耶穌孝女會。短短四十年，修會擴展至西班牙全境。一九五三年十月，中共將最後一批耶穌孝女驅逐出境，同年修女們抵達新竹竹東，後至臺北、高雄，至今影響力擴及全台各地。https://bit.ly/2YGiB9u

36 《我的可愛—天賜甘霖》p.35

抵達北平又離開

四個轉機點、五次航班，飛行約十天的時間，跨過歐亞兩大洲，迢迢千里終於在十一月十八日，踏上了中國的土地。

我們在上海徐家匯停留了三日。最後一日，我們受兩位神父邀請到寓所共進晚餐。氣氛很好，我們預計在晚飯後，要從上海的碼頭，搭船北上至天津。

誰知道，竟然發生了非常可怕的迷路事件。當時四十三歲的范佐廷神父叫了幾輛三輪車，送當時和我同行的會士鳳兆祥（Faustino Boado, S.J.）和聶懷仁（Arsenio Nuñez. S.J.）去碼頭，然後讓顏哲泰（José María Calle, S.J.）騎自行車跟緊我們。結果車伕搞錯位置，把他們載到偏僻的碼頭。我們在港口等不到人，大家都很焦急，不知道發生什麼事。語言不通，人生地不熟，在完全陌生的國度，很有可能發生可怕的情況。還好後來我們找到了正確的船隻和顏哲泰，之後才從他那知道，在失散後，他差一點就要獨自登上開往香港的船，還好後來與船伕比手畫腳之下協助他找到我們[37]。

終於，我們順利的搭上船前往天津，再乘幾小時的火車抵達終點站——北平。

沒錯，是北平！

我想今天世界上大概沒幾個「北平人」了！因為北平現在叫北京，當時的北平人很多都過世，我可能是世上僅存的少數老北平人！

到了北平火車站，黃土飛揚，人湧車簇，耶穌會會院——沙百尼華語學院（Chabanel Hall）派人來接我們。我永遠記得，他們派三輪車來接我們一行人[38]，坐在上面穿過胡同窄巷，駛過一戶戶人家。看著街上男女老少身著與西班牙人很不一樣的裝扮，男人唐裝、女人旗袍，以及中國人眼睛和鼻子都小的東方臉孔，這些都讓我慢慢感受到，哎呀！我真的來到一個截然不同的世界了呢！即使這一趟旅程再疲憊，對我來說，每一眼見到的都是新鮮與驚喜。

初到北平，我們開始學習中文。我們這批西班牙會士比歐洲其他國家的會士晚了三、四個月才抵達中國，所以學習中文的進度已經落後一大截[39]。

---

37 參考《世事洞明人情練達》顏哲泰神父口述歷史書 p.23-25
38《我的可愛—天賜甘霖》p.35
39《我的可愛—天賜甘霖》p.36

待我們於修會安妥後，便馬不停蹄的開始學習中文。會院為我們另開一個新的班級，請了一名中文老師。

我的中文名字「甘霖」是一位中國神父——張雷幫我取的，取其如天降甘霖般滋潤大地的意思[40]。不過我當時是叫「惠甘霖修士」，因為我抵達上海的時候，惠濟良主教（Bishop Auguste Haouisée）[41]剛過世，大家希望一位新的會士可以承繼他的姓氏與精神，於是我便姓惠。即使當時我沒有對這美麗的名字有太深的意會，但這名字它卻帶給我滋養，陪著我走過往後數十年的牧人旅程，直到現在。

每每談起學中文，我都會臉紅啊！我中文不是說得不好，而是「非常」的不好。當時在北平教我們中文的老師，是從ㄅ、ㄆ、ㄇ、ㄈ的發音開始教起，練習發音好一段時間，我發現自己還是沒有辦法真的開口練習對話，對於無法用中文開口表達想法感到相當挫折。不過大部份的會士都會說拉丁語，即使來自世界各地，彼此之間雖不能完全理解但仍可以稍微溝通。

在團體裡與不同國籍的會士交流，我們常用的語言便是拉丁語、法語和中文夾雜。你們一定想不到，我們和美國籍的會士是用拉丁語溝通。我在中學時曾學了兩年法語，大學又選修了一堂法語課，所以說法文為我來說不是難事。到了二年級，我們一群西班牙籍修士被安排和其他國家的會士一起上課，因為我們晚了幾個月才開始學習，其他同學中文程度比我們好，使得我們要更拚命才能追上他們。

學習中文的進度還在追趕，中國的政治情勢卻大大的影響我們的學習。

中國共產黨的勢力越來越大，主政的國民政府節節敗退，在一九四八年的十一月二日，東北的首府瀋陽已經被共產黨攻佔淪陷，這代表共軍很快就要抵達北平了。共產主義認為「宗教乃是人民的鴉片」，因此打壓所有宗教信仰和崇拜，耶穌會想當然耳也無法留在那裡。

當時長上命令所有讀書修士回到其所隸屬的福傳教區，因此隔年的暑假我和西班牙同學們遷到安徽的安慶唸中文，又過一段時間我們大舉搬遷到上海。

在離開北平的隊伍中，人們對於瀋陽的淪陷感到錯愕與恐慌，整個城市在共產黨的層層逼近之下瀰漫著極度的恐懼與未知。那時我在北平，我想著自己經歷過西班牙

40 《我的可愛—天賜甘霖》p.36

41 https://en.wikipedia.org/wiki/Auguste_Haouissée

內戰，現在在中國，竟然又再一次。當時真的搞不清楚了，覺得整個世界錯亂了，我感到好心痛。

我在離開北平前曾到紫禁城。當我佇立在廣場上，看著人們的臉孔與心慌沉重的步履，感受整個城市無聲地哀嚎與失措。

「天啊！馬諾萊特（Manolete）！」我內心忽然這樣一喊。也不知道為什麼，這情景就讓我想起這位一九四七年過世、名震全國的西班牙鬥牛士。

我離開西班牙前不久，馬諾萊特在殺死第五隻鬥牛後，意外地死在鬥牛場上。鬥牛的文化在當時如西班牙的血脈，馬尼奧萊特的死因此震驚了整個西班牙，大批民眾上街哀悼他。此刻人們對共產黨攻下瀋陽的恐懼，讓我不禁聯想到那幅畫面。

我真的嚇一跳。天啊！一年後在北平竟然感受到一樣的場景，我感覺到馬諾萊特就在北平。瀋陽剛剛淪陷，我發現北平的人走路和當時西班牙人為他上街的走路方式是一樣的！

這也許是個唐突的連結，但忽然領悟，初到異鄉的我雖然覺得處處不同，但在北平住了一年多之後，才發現其實我們都是人，有人逝去或有人受難，身而為人的脆弱都是很接近的。

必須告別中國籍會士的痛心

我們一行人抵達安慶後繼續學中文，但中文老師是安慶口音。我們在北平才剛懂一點中文老師的北平腔，一下子改聽安慶腔，對我們來說根本就是兩種語言。我學中文的速度原本就不夠快，覺得很辛苦，接著又因政治情勢，使得學習中文的節奏被打亂。

過不了多久，因國共內戰的局勢更加惡化，一九四九年二月六日的黎明，天色未亮，我們這批逃難的大修士，從安慶搭上一艘超載的小船，渡過長江，來到對岸。然後在岸邊等了兩天兩夜，才擠上一輛卡車前往蕪湖，再從蕪湖搭火車前往上海。在火車上擠滿了人，據說有很多是要馳援上海的中國軍人，所以我們整夜站著，無法休息。當我們到達上海徐家匯聖博敏（San Roberto Bellarmino, S.J.）神學院[42]，大家真的完

42 https://bit.ly/2FZjxiH

全累癱了。

共產黨勢力則持續向南進逼。

四月二十一日清晨，三十萬名共產黨解放軍從北渡過長江，兩天後佔領了國民政府首都南京。我們聽聞：五月二十四日，上海就會淪陷。

那個時候的上海，平靜得很詭異，沒有國民黨的軍隊，共產黨也還沒抵達，我們知道有三天時間，雙方都沒有軍隊在上海。

我們很害怕共產黨攻進上海的那一天到來。五月二十四日共產黨抵達的那天晚上，我們一群人正在徐家匯神學院的宿舍，許多人知道共軍要來了不敢睡，爬到大修院上的閣樓觀看共黨軍隊的到來，但可能是我有三年的西班牙內戰經驗，我不管他們，我就是睡我的。

深夜一兩點鐘，忽然「啪！」的一聲把我驚醒，是一枚子彈打穿過我的房間。緊接著「噠噠噠⋯⋯」子彈聲響。你知道嗎？當晚我睡得正熟時，一顆子彈從窗戶打了進來，還好我睡的位置不在射程內。這樣的事情，可能因為我已經歷過打戰，於是我起身離開床，躺到我認為不會被射到的地上，蓋上毯子繼續睡覺。

隔天早上，原本我以為只有我遇到這樣的事，沒想到有幾位會士也遇到相同的情況。那夜共產黨軍隊，從虹橋機場方向朝我們前進，並以非常安靜和平的方式，正式攻下上海。顏哲泰神父描述那晚，「只有偶爾聽到幾聲零星槍響，大修院有幾片玻璃被流彈擊破，除此之外，那是一個很平靜的夜晚。」[43]

在我的生命裡，這是第二次差點死掉的經驗。

在共產黨的統治下，我與八個不同國家的六十多位讀書修士一起在上海待了三年的時間。我們在神學院唸書勉強都還過得去——上課、學習、休閒、祈禱、用餐，似乎沒有太大的不同，只是修院門外，會有公安站崗，不太嚴格，形式上的軟禁而已。有時碰上年輕點的站崗警衛，還會跟我們練習英文。

由於神學課程是以拉丁文授課，我練習中文的時間也就更少了。

當時除了學習神學，還有很重要的一件事情是，我們和一位來自上海震旦大學（Aurora University）的法國醫生，會定期和學生一起去拜訪生病的人們，並且提供他

43《世事洞明人情練達》顏哲泰神父口述歷史書 p.25-27

們所需要的藥品。但後來局勢越來越不穩定，到最後我們停止了這項服務，因為人們已經不再歡迎外國人了。

一九五二年後，上海的情況越來越不妙。

有一天我們早晨祈禱前，我看到幾位中國會士竊竊私語說到，近日共產黨無預警的從多處抓了許多人，將他們送上一台又一台的公共汽車運走，大約抓了一萬三千多人，沒有任何理由，純粹就是殺雞儆猴，要讓大家害怕。人民的日常籠罩在越來越大的恐懼下，我們快要待不下去。

一九五二年四月中旬，神學院的各年級班代表，突然接到通知，一到四年級的學生要全部到教室外集合。

我當時心想一定有什麼重大的事件。當大家還在疑惑的時候，美國籍的神學院院長翟光華神父（Fr. Charles J. McCarthy）出現了。

我一直很景仰這位院長，認為他是很瞭解會士，也很能因應時勢的長者，有他在是院內的福氣。當天翟院長向所有修士宣布，他即將要去坐五年的牢。接著，院長又堅定地下令：「修士們，我們長上蒲敏道神父和上海的龔品梅主教，決定外國籍神父和修士都必須立刻離開中國[44]。」所有人瞬間感到非常愕然。

更令人錯愕的決策是——中國籍會士們，全部都必須留下。

蒲敏道神父是當時的耶穌會中國視察員，代理總會長管理中國事務。在一九四九年，他接到羅馬來的一封電報，要他立刻趕回羅馬會見總會長。總會長指示：「任何耶穌會士不能自動離開中國，除非生病的及與導師所帶領的」[45]。他接著回到上海，向我們宣布這個消息。期間，他也兩次飛往菲律賓，安排耶穌會士以及北京景縣大修院師生撤離中國，在菲律賓尋找安全的落腳之地[46]。

聽說在四月初，上海市政府內親教會人士的忠告：「如果外籍人士逗留上海，政府可能會拘禁華籍會士」[47]，耶穌會可能因此考量大局，決定先將所有外籍傳教士撤離中國，並快速安排我們晉鐸的日程。

---

44 《我的可愛—天賜甘霖》p.39
45 https://bit.ly/2YKuxak
46 https://bit.ly/34Fm2RH
47 《世事洞明人情練達》顏哲泰神父口述歷史書 p.28

所以院內十九位修士，本來預定在一九五二年五月三十一日的聖神降臨節晉鐸。院長考慮到我們未來的發展，決定讓十一位中國籍修士和八位外國籍修士提早一個半月祝聖為神父，我們的晉鐸禮儀從原訂日期五月三十一日改到四月十六日。這一方面是希望讓留在修道院的中國修士們能在未來行使聖事的權力，也希望外籍會士到菲律賓，能夠繼續神學院的修習。

當時的我感到非常震驚難過。三年來我們與中國籍會士在相處中累積深厚的情誼，在戰亂的年代更是患難與共。這個消息不只讓我們承受情感上被迫拆離的痛苦，更為目睹著中國籍會士們要留下，面對共產政權對耶穌會的迫害，內心滿滿的擔憂與不捨。

我每次講到這邊，都覺得好痛心。

在最艱難的時刻，外國人逃離了，中國人卻待在那兒受苦。

那時我真的很受不了，為什麼主教突然要外國會士都離開……

我心裡也明白，自中國共產黨掌控上海後，神學院一直處在被壓迫的狀態，外籍傳教士開始被驅離，我們如果繼續待在上海，很可能有生命危險。

午夜夢迴的哭泣

在一九四九年前後，耶穌會的各國省會在中國的福傳分佈包括：法國會省在上海河北獻縣；西班牙會省在安徽蕪湖安慶；義大利會省在安徽蚌埠；美國會士在江蘇揚州；加拿大會省在江蘇徐州；奧地利會省在河北景縣；匈牙利會省在河北大名等。會省之間彼此有常態性的合作支援。

中國共產黨陸續將這些外籍傳教士驅逐出境後，會士們紛紛以香港和澳門作為跳板，前往臺灣、越南、菲律賓和泰國等地。我們在當時成為最後一批在中國公開晉鐸的外國籍會士。那時除了我們，中國已經沒有其他的神學院。

祝聖為神父以後，外國籍會士就必須離開上海。根據中國共產黨的規定，外國人都應該搭火車從上海離開，不能直接乘船。但是院內兩位年長的法國籍神父，因身體孱弱無法搭乘長途火車。修院的樂克雷特爾神父（Fr. Lacretelle）因此請求讓他們搭船離開。來回協商後，共產黨才同意如果兩位神父可以自行找到離開的船隻，便可乘船。

修院後來成功找到一艘澳洲的私營貨船願意載他們前往，但條件是必須要有人陪同這兩位神父。

本來樂克雷特爾神父指派了一位神父，但共產黨拒絕。後來他提供還在中國的神父名單，因為我有醫學的背景，他便在後面加了「M.D.——醫學博士」。因此共產黨指派我陪同這兩位法國神父一同從上海搭船前往香港，若是旅途中有任何情況，我可以協助兩位年長的神父做緊急的處理。

三天在船上的漂泊旅程，沒有太大意外，一切都稱得上平順。我與其中一位行動不便的神父聊了很多。他還分享了他被強盜擄去的故事，我至今難忘。

這位法國神父之所以沒有辦法走路，是因為幾年前，一位強盜為了向修會勒索，把他抓了起來，將他困在一個四周無人的深井裡三個月。他的身體被迫長時間蜷曲在井內，導致日後行走困難。但困在井中的三個月，他仍然時刻向天主祈禱。

我忘不了這位神父在船上跟我說的話。他說：「我覺得我們是該付錢給強盜，因為他們還準備東西給我吃，準備了三個月啊！他們是很老實的人。」對於綁架自己的人，這位神父完全沒有責怪的意思，反而有這樣的想法。對我來說，他真的是個聖人。我非常敬佩這位神父的氣度和平靜泰然。

抵達當時仍是英國殖民地的香港後，法國神父轉乘飛機回法國。不幸地，因為長期居住在中國，這兩位年老的法國神父返鄉後受到生活環境轉換的衝擊太大，不久便離世了。

我當時在香港，和其他耶穌會士一起等待申請到菲律賓的簽證。自中國順利逃離後，有一天，我在香港的高處俯視，幽靜地享受眼前美麗的風景，試著暫忘不久前的風雨。

對我來說，一生裡最難以負荷的分離，不是從西班牙到中國，而是從中國到菲律賓這一段。

離開家裡是從我小時候就開始醞釀，我心心念念著要到中國，要為中國人祈禱。離開西班牙到中國，雖然很不容易，包括離開家人朋友，但是和在中國被迫離開的情況不同。這麼多人的生活在一夕之間有了翻天覆地的遽變。

在政局的動盪下，我們在短短不到一個月的時間裡，戲劇性地被強制驅離中國。我一心希望在中國傳教的心願因為政治的因素被迫中斷，但真正令我心痛的是長上要中國人留下，只帶外國人離開。那就像是天外飛來個原子彈，在我們三年緊密的情感之後，被狠狠拆離，對中國會士很難，對外國會士也很難。

我因為這件事，在初離開中國的那段時間，午夜夢迴哭了好幾次。即使到現在過了六十八年的時間，我講著講著，還是很難過。

我有一個金屬的十字架，這十字架，有它一定的重量，是我一九四二年在西班牙薩拉曼卡，入會後發初願時獲得的。它陪伴我從薩拉曼卡到北平，再從上海到菲律賓到東帝汶，以及根留臺灣五十年的時間。沒有這個十字架的陪伴，我真的無法渡過所有的歷練與難關。

假如沒有天主賜予的力量，一個人是沒有辦法熬過這些的。

感謝祂，因為祂給我力量。沒有祂，沒有辦法。

我胸前的十字架項鍊也是。這是在我七歲初領聖體後，便一直這樣戴著。

我想說的是，我能夠熬過這些事，是因為不斷地祈禱。這個功勞不是我的，是天主的。從離開上海之後快七十年，沒有天主，我走不過來。

4 菲律賓與東帝汶的十七年「暫留」

一九五二年離開中國後，我在香港短暫待了幾個月，才接著遷徙到碧瑤（Baguio）的聖博敏神學院。

為什麼我們不直接去菲律賓？那時大家都覺得共產黨勢力在中國很快就會結束。不只是教會、國民黨，也包括像是美國等國家，都不認為中國人會受得了共產黨。大家都覺得此時的狀態是短暫的，所以各項決定都是以「將要回去」作為考量。當時就是瀰漫著「暫時」、「很快就要回去」的氛圍，即使我心裡默默地覺得短時間內應該是回不去了。

總之，菲律賓成了短暫收容一批又一批的「中國難民會士」的庇護之地。[48]

48　引用房志榮神父（Fr. Mark Fang, S.J.）於輔仁大學神學院「神學論集」二〇〇七年秋季號〈一九四九年以後的耶穌會在中國〉（Jesuits in China: 1949~1999）。

在我抵達之前，耶穌會於一九四九年就在馬尼拉市區外的曼達盧永（Mandaluyong）租下一大片營地及許多鐵皮屋，成為來自中國的耶穌會士在菲律賓最初的落腳處，沿用在北平的沙百尼會院（Chabanel Hall）。這個營地和房舍在二戰初期日本勝利時，是用來監禁美軍俘虜；二戰末期日本投降，又成為監禁日軍的集中營。

這集中營變成會士的庇護所，收容兩百多位倉促從中國逃難來此的難民。由於生活在低矮的鐵皮屋，居所非常簡陋，牆壁和門窗多是波浪型的鐵片，附近也多是貧民窟，加上夏天炎熱難耐，耶穌會士常戲稱這裡為沙百尼地獄（Chabanel Hell），生活環境實在很困苦，但許多不同國籍的會士，都在此地修畢神哲學，而後晉鐸。河北景縣的耶穌會大修院師生也在此重建家園[49]。初學院及文學院則借用曼達盧永附近阿拉內塔（Araneta）家族慷慨空出的一片農地。這座華人「難民」大修院，一直到最後一位華籍大修士晉鐸後才關閉。

菲律賓的九年

菲律賓在十六世紀是西班牙的殖民地，也是一個天主教國家。

雖然西班牙在一八九八年就結束對菲律賓的統治，但有別於中國與西班牙之間有許多語言文化相異之處，我初抵菲律賓時，卻可以找到很多和家鄉連結的地方。我在學校裡能用西班牙語和碰到的老師們聊天，早晚用餐大多說的也都是西班牙語。這份熟悉的感覺，讓我在適應上相對容易得多。

即使我自知短時間很難再回到中國，不免傷感，也對仍留在中國的會士感到萬分不捨，但我一旦抵達了新的地方，就該把小我的情緒放下，依照天主的安排行事，並投入自身去愛這個國家的人。

天主賜我平安，這讓我感到平靜。在中國共產黨對宗教人士的迫害下，我仍幸運地平安離開並獲得庇護。我感激天主的安排，也不斷期許自己，不論到哪個國家，都要投入感情，並真正成為那個國家的人。

一九五三年，我完成神學院課程，本應接受「卒試[50]」的安排。會長要求我以及

49 參考《世事洞明人情練達》顏哲泰神父口述歷史書 p.29-30

50 卒試，又稱爲第三年的初學。會士們晉鐸以及完成神學訓練之後，需再次領受靈修的陶冶、再次吸收耶穌會專屬的神修。此時，會士們的人格、個性、志趣都趨於成熟，再經過三十天的神操大避靜後，才可以發末願（Final Vows），以承諾終其一生在耶穌會內將自己奉獻給天主。

顏哲泰神父（Fr. José María de la Calle,S.J.）前往馬尼拉的聖托瑪斯大學（University of Santo Tomas）繼續進修神學博士，學習英文與神學倫理。我因而在一九五五年取得神學博士學位。加上我在馬德里獲得的醫學博士，我的神學、醫學雙博士學位，也讓我日後在臺灣，取得教授「醫學倫理」與「拉丁文」等課程的資格。

一九五六年開始，我在菲律賓馬尼拉北部的一間私立阿拉內塔大學（Gregorio Araneta University）當校牧和教授，教宗教、哲學、生物及人類學。當時耶穌會有兩間學校，一間是給中國來的學生，一間就是阿拉內塔大學——為菲律賓當地人而開設的學校。我前前後後教授了不少科目，但並不是我真的會教這麼多，而是因為沒有太多人力可以幫忙，使得我在學校必須身兼數職。

我在教學之外，也和其他神父一起管理學生宿舍，因此有機會更貼近當地學生，了解他們的想法和文化，並教導學生做人處事的道理。許多學生更是把我當作自己的家人。

阿拉內塔大學位在馬尼拉北方，有許多學生是從菲律賓南部的小島來北部念書。他們是清寒的農家子弟，獲得阿拉內塔大學的獎學金而得以到學校就讀。其中一次的畢業典禮，有幾位信奉伊斯蘭教的學生，因為他們的家人都居住在南部，到學校的路程顛簸遙遠，不克北上出席孩子的畢業典禮。因此，這些學生找我，和另外一位同期的神父當他們的親屬代表。這樣超越血緣又跨越宗教界線的關係，讓我非常、非常感動！

我深刻感受到，在分享愛與教學的過程中，是可以不分宗教與你我的。

除了教學和管理宿舍，我每週日也到服務的兩所學校的教堂主禮彌撒。有時其他堂區也會找我幫忙。因為和我同樣擔任校牧的另一位神父，除了在大學教書，也在其他學校唸心理學，他忙不過來，就請我幫忙在一台彌撒裡講道理。雖然已經感到再多接工作會難以負荷，但想到他的情況，我還是接受了這位神父的請託。

那幾個月，我每主日要做五台彌撒，三台還分別在不同地方，週一一早還要到大學教書，當時我就靠一台摩托車，和校友開車載我，在菲律賓各地趴趴走。我很忙，忙到沒空休息，任務一項接著一項來。[51] 這樣緊繃的工作節奏持續了幾個月後，我還

51《我的可愛——天賜甘霖》p.43

是承受不住龐大的工作壓力，過度操勞病倒了。後來我被緊急送往醫院，住了兩到三個禮拜。我知道當時不應該這樣，在醫院的時候體會到：即使是為了服務他人，也不能毫無節制的付出。在替他人著想時，需要衡量自己的能力。當時我會忙到病倒，不是沒有原因的。

回首在菲律賓的日子，因為大家錯估政治局勢，以為再過幾個月就會回去中國，因此在我授課的學校裡，人力資源長久以來都相當有限。一直到一九五八年，大多數人已然明白，回中國的機率是微乎其微，世界各國也逐漸理解共產黨在中國大陸的勢力不是短時間可以推翻的，耶穌會的工作仍然要繼續，因此在一九五八年成立耶穌會遠東省，讓在東亞與東南亞等地的會士，能持續傳播福音的使命。當時耶穌會遠東省包括臺灣、越南、泰國，還有菲律賓有華僑所在的學校及聖堂，主要分布在馬尼拉、碧瑤以及宿霧等地[52]，而澳門屬於葡萄牙省，香港則屬於愛爾蘭省。

即便辛苦，我在菲律賓的時日，仍是滿懷喜悅，從一九五二到一九六一年，菲律賓也正值相對安祥穩定的發展期，我很珍惜擁有的平安，在當地傾心盡力的教學與傳教，任務可以說是圓滿達成。

東帝汶的八年

一九六〇年代中國更全面地受到共產黨控制，同時也爆發了由毛澤東發動的文化大革命，紅衛兵大肆破壞文物書籍、寺廟佛像，各地發生大規模的屠殺，千萬人死於這場災難，百萬倖存者也因嚴重飢荒而餓死。

我在菲律賓已經放下了在中國傳教的堅持，懷著隨天主而安的心，在一九六一年因著耶穌會的調派，離開菲律賓，輾轉到了另一個文化陌生的東南亞國度——東帝汶，繼續我的神職工作。

東帝汶位在帝汶島的東側，位於印尼爪哇島的東南方，帝汶島被分成東帝汶與西帝汶，在十八世紀帝國殖民時期以來，分別是葡萄牙和荷蘭的殖民地。二次世界大戰期間，日本一度統治整個帝汶島，戰後葡萄牙又恢復在東帝汶的統治，也是我待的那段期間。

我會從菲律賓被派到東帝汶，是因為當時東帝汶修道院急著尋找一位懂葡萄牙語

52 指從中國撤退的會士，菲律賓當時自成一個會省。

的神父，替補因病而無法繼續擔任修道院院長的劉迺仁神父。

原本在天津耶穌會津沽大學的校長劉迺仁神父，因被共產黨列入黑名單，也成為被迫害的對象之一。劉神父受澳門會院的協助，輾轉抵達澳門。隸屬於葡萄牙會省的澳門會院和愛爾蘭會省的香港會院[53]，在當時協助耶穌會士離開中國的任務上，扮演了中繼轉接的角色。

但劉神父仍然害怕共產黨會步步進逼到澳門，認為待在澳門不是長久之計。情況危急下，劉神父碰巧有機會和東帝汶主教加西亞（Bishop Jaime Garcia Goulart）[54]在澳門見面，從主教那兒知悉東帝汶的修道院缺乏師資。在與主教經過討論之後，劉神父與幾位從大陸逃出的耶穌會士，便在一九四九年一起到東帝汶修道院服務[55]，劉神父除了在修道院擔任院長的行政工作，也教授課程，並且輔導學生。

很快地，十二年下來，劉神父因健康狀況衰退，選擇離開東帝汶，並轉到臺灣休養，一九七五年六月在台北過世了。

當時東帝汶的主教加西亞，急需找人替補劉神父離開後的缺，輾轉得知我是土生土長的加利西亞人，會說與葡萄牙文極為相近的加利西亞語（Gallego），加上我爸爸曾在葡萄牙的港口小鎮塞圖巴爾（Setúbal）開工廠，我們去那邊住過一陣子，所以多少會一些葡萄牙文。我因此被詢問是否有意願到東帝汶擔任修道院的院長[56]。

在分辨之後，我需要先到澳門考葡萄牙語的程度。我被安排到澳門去預備這個葡萄牙文的考試，十分緊張，對話寫作都要考。我會說葡萄牙語，但不是很好，準確度也不高，還好結果是通過了檢定。

我順利考過當時教會規定的，母語非葡萄牙語的傳教士必須通過的葡語檢定——等同於小學四年級程度。因此東帝汶主教加西亞正式邀請我到東帝汶擔任修道院院長，並教導學生。當時的修道院有三十多位學生，學校和宿舍都在山上，我當時又是靠一台摩托車出入和服務！

53《我的可愛—天賜甘霖》p.45
54 https://en.wikipedia.org/wiki/Roman_Catholic_Archdiocese_of_D%C3%ADli
55《我的可愛—天賜甘霖》p.46
56 當時修道院受限於法律的規定，修道院院長在官方紀錄上是當地的主教，賴甘霖神父則是副院長。但實際的運作情形全是由副院長負責，因此不論是修道院的老師、職員、學生、或是拜訪的外賓都是以「院長」來稱呼賴神父。

那個年代的東帝汶，長期在葡萄牙的統治下，基礎建設發展仍相當落後。教育資源不發達，社會也處於反殖民的動盪狀態，人民處在覺醒與尋求政治尊嚴的過渡期，難免會有抗議、暴動和衝突。修道院，幾乎是唯一在東帝汶提供免費教育的機構，程度就如東帝汶當地的中學一樣，因此扮演教育下一代的關鍵角色。

主教採開明寬容的路線，也看到東帝汶的未來，需要有人才帶領走出殖民國葡萄牙和鄰近強國印尼的影響，因此不論學生有無意願往神職路線發展，修道院都以教育為基本權利而廣納學生，讓每個人都有機會受教，並懂得獨立思考以及為人處世的道理。

我服務於東帝汶修道院長達八年的時間，除了培養孩子成為神職人員，也盡可能關切我能接觸到的每一位學生。結果我們竟然意外地培育出許多東帝汶和平進步的公民領袖喔！

培養出主教、諾貝爾獎得主和一位國父

我到了臺灣後，得知畢業於修道院的校友當中，有三位後來成了主教，都是東帝

汶本地人。

其中一位便是貝羅主教（Bishop Carlos Felipe Ximenes Belo），他是慈幼會會士，後來於一九九六年獲得諾貝爾和平獎。

有一年，我剛好在西班牙享受短暫的假期，收到貝羅將在葡萄牙里斯本晉鐸的消息。我趕緊打包，到里斯本參加他的晉鐸禮儀。那個年代東帝汶修士們的晉鐸禮儀都是在澳門或是葡萄牙舉行，因為他是我的學生，在歐洲得知這個好消息，當然必須趕赴盛會。後來二〇〇八年我在西班牙時，竟然還巧遇了貝羅！當時他已經成為主教，並獲得諾貝爾獎了呢。

另一位學生古斯芒（Kay Rala Xanana Gusmão），他在修道院唸書時特別調皮。做為他的老師，當時我不認為古斯芒會成為神父，但是已經能看出他非常具有領導能力。我和他有許多互動，師生情誼也漸漸培養起來。他初學院五年沒有修完，最後沒有在修道院畢業。

古斯芒後來帶領東帝汶獨立建國，並於二〇〇二年獨立後擔任東帝汶的第一任總統，國人尊稱他為東帝汶國父。

古斯茫的執政團隊也有好幾位都是這所修道院出來的學生，他自己也從二〇〇七到二〇一五年擔任國家的總理。

還有一位學生霍塔（José Manuel Ramos-Horta），雖然不是我親自教授，但也受惠於天主教修院，後來成為印尼侵略時期，東帝汶獨立革命陣線的核心人物之一，並於各國遊說奔走，爭取東帝汶的獨立。獨立之後，他接任古斯茫，於二〇〇七年擔任東帝汶總統。霍塔與貝羅主教一起獲得諾貝爾和平獎，他們以公義與和平解決東帝汶的紛爭，受到很大的肯定。

「我們不只是培養神職人員，更要培養能在未來帶領東帝汶走向和平與發展的領袖人物。」我一直記得當時的主教和我強調的這段話。沒想到幾十年後，東帝汶歷史上的幾位關鍵人物，確實很多都是從我們修道院出來的學生。

那個時候，有一個村莊爆發了小規模反葡萄牙殖民統治的起義。

主教因此接到葡萄牙里斯本的軍事統領打來的電話，他氣憤地指責主教：「為什麼最近一次村莊暴動中，所有運動領袖都是天主教修院培育出來的？」主教先是表面上道歉，掛掉電話後，立即轉身向在辦公室的我和其他職員們歡呼：「感謝天主，我們培養的人才有造反的能力！」

哎呀！我每次提到這則故事都特別激動與興奮，每次回想都會笑出來。

其實主教的這段話，並不是真的去教學生如何造反或是有顛覆政權等煽動的思想，而是教導他們成為人，以及作為人應該享有的權利。讓學生懂得在快速的時局變遷下，有獨立思考的能力，能夠自己判斷、決定，了解在受壓迫的情況下，他們有反抗的權利。

除了和學生有緊密的關係，我和東帝汶的葡萄牙軍官也多有交流。

當時有一位葡萄牙軍官卡內洛斯（General Soares Carnelos）和我相當友好，私底下向我坦承：「我們在東帝汶的價值，就是有一天要讓東帝汶離開葡萄牙的殖民。」我聽了非常感動，一直把卡內洛斯的遠見和寬闊的心胸放在心裡。同時我也感受到當時東帝汶渴望獨立的氛圍在各個群體裡醞釀著。並不是只有東帝汶人民，那位軍官也默默地期盼著東帝汶能夠以和平的方式脫離葡萄牙的殖民。

然而不幸地，這位軍官所屬的政黨候選人，在選舉當天因一場飛機事故而喪命，未戰而敗，輸了這場選舉，讓主張葡萄牙繼續統治東帝汶的政黨連任。哎……實在是很可惜。

耶穌會士在一九四九年前來接手東帝汶修道院，這個修道院屬於教區，由耶穌會代為託管。當時加上我擔任院長之外，還有其他六名耶穌會會士。當時院內學生約有四十位左右。

八年間，我與職員、教師和學生都建立了很深的情誼，修院也在當代東帝汶的教育發展上有相當大的貢獻，然而離開的時間仍舊到來，即使我有萬般不捨，仍必須和這塊辛勤耕耘的土地道別。離別前，回顧八年裡在東帝汶這塊土地上學到太多事，我也發現當時東帝汶處於公民覺醒的時期，修院真正扮演的角色，是讓學生能夠自我獨立、成長，學會決定自己未來的路。

然而，在我離開不久後，一九七五年八月十六日，東帝汶還是開戰了。東帝汶獨立革命陣線、主張與葡萄牙政府維持關係的民主聯盟，和主張與印尼合併的帝汶人民民主協會，三方交火，展開東帝汶歷史上的內戰。

我當時的一位學生，後來成為東帝汶的知名大人物，他在事隔多年後和我說：「神父，假如你當時在東帝汶的話，內戰不會發生。」

交戰的那一夜，東帝汶獨立革命陣線在半夜突擊支持印尼的帝汶人民民主協會，展開一場流血的廝殺。「我們沒有選擇，如果我們不行動，對方就會把我們給殺了。」其實這兩邊的人馬，都是我的學生，聽到最後兩方成為互相仇視的敵人，真是痛徹心扉。

你知道嗎？我聽到他說這句話的時候，心都揪在一起，眼眶不自覺含著淚水。好痛，真的很痛。我們真的不需要再有戰爭。我要不停地說：兄弟姊妹不應該打兄弟姊妹。

我不想提起他的名字，只希望告訴大家他和我說的話。內戰遺留下太多太多的仇恨，即使那已經是好幾十年前了。當大家知道他是誰時，又會怎麼反應，會再激起仇恨嗎？我不知道。

其實多少還是會感到欣慰吧……當從學生那兒聽到，自己如果在現場，有可能阻止一場災難的發生，或至少能緩減事態的嚴重性，我可以感受到我在學生心中的影響力。只是時局並未讓我有這個機會。這也是天主的安排。

東帝汶的流血革命是漫長而殘酷的。

獨立革命陣線於一九七五年宣布獨立，並成立東帝汶民主共和國。隨後印尼政府出兵東帝汶，隔年宣布東帝汶成為印尼第二十七個省份。此後，東帝汶長期處在印尼政府的迫害下。獨立運動的領袖們，努力了二十幾年試圖推翻印尼政府對東帝汶的掌控，直到二〇〇二年才成功地脫離印尼，正式成為獨立的國家。

離開東帝汶之後，我曾回過東帝汶一次，不記得確切的時間，只記得再見到當時神學院的學生，有些成為神父、主教，或是在不同的人生位置上展開自己的生命故事。很多人成了各個領域的領導人物，我覺得很感動。

尤其有一位當時的學生莫尼斯（Monis）告訴我：「我記得你在課堂上和我們說過，我們班是東帝汶未來的領袖！」

結果，我的預言還真的成真了！但莫尼斯不知道的是，當時有遠見的是主教加西亞，是他叫我留住這些未來不可能有聖召（或走修道路）的孩子，讓孩子們留在修院，完成學業。這不是我的功勞，是主教的智慧、天主的安排，我至今都很感謝主教的遠見與決策。

鳥瞰 Puebla del Caramiñal，我的故鄉

兄妹們排排站，左起大哥、二哥、四哥、我、大妹

全家福：父母、四兄弟與兩個妹妹，左起 大哥、二哥、我、媽媽、小妹 (媽懷裡) 、四哥、爸爸、大妹（爸懷裡）。弟弟尚未出生。

1926年維果小學同學合照。第三排左起三位是三兄弟（二哥、四哥、我）。

發初願以前的會士照

1937年秋天從軍（陸軍）

1942年發初願與弟弟合照

1942年發初願，與父母、弟妹合影

ORDENACION EN SHANGHAI. 16 Abril, 1952 / Fr.
From left: Seated: P. Fernand Lacretelle (格斋平) Sup.
Bishop Kung Ping-mei (龔品梅); P. Charles McCarthy
(翟光華) Am. Rector
Standing: PP. Ignatius Aloy. Chiang (蔣潤生)
(only the arm in picture); Antonius Wu (吳天亮);
Andres Diaz de Rabago (賴甘霖) Sp.; (in the mainland
called 惠甘霖); Petrus Chang (張金山); Arsenio Nu-
nez (聶懷仁 Sp); Jean Lefeuvre (雷煥章) Fr.; Ignatius
Chiang (蔣衛琳); Franc. X. Wang (王維文) died after prison
Felix Maiza (孟宇仁) Sp.; Franc. X. Wang (王楚春);
Manuel Virasoro (吳諾愛) Argent.; Josephus Chou (周允哲)
(behind) Juan Andechaga (孔文清) Sp.; Joannes Ma (馬光普)
Paulus Chia (賈廷樂); Laurentius Chiang (蔣敬釋);
Petrus Kuo (郭學破); Jozsef Krahl (賈天佑) Hung.;
Claude Larre (顧從義) Fr..-St. Ignatius.-Zikawei.

1952年4月16日最後一批外籍會士
在中國公開晉鐸為神父（後排左二）

1947年離開祖國

北平學習中文時期（左二）

東帝汶修道院宿舍區修院師生

東帝汶時期的我

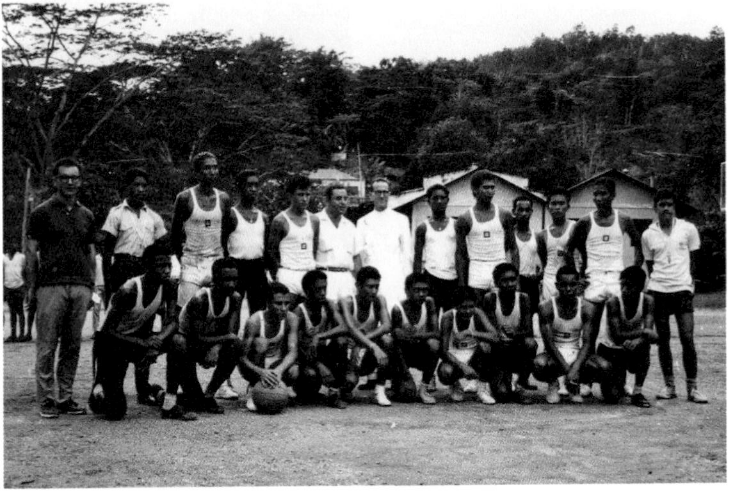

1964年東帝汶修生們籃球比賽前合影

東帝汶修道院懇親日修生們的親友來共融

1966年梵蒂岡廣場騎機車

東帝汶修道院的交通工具

1989年8月教宗若望保祿二世給予祝福

2011年4月與北商光啓社同遊富陽公園

2011年口述歷史新書發表會

2016年10月慶祝百歲生日

2017年4月13日領臺灣身分證

2017年8月回西班牙老家

2017年8月7日回西班牙，第一次使用臺灣護照

2017年8月15日西班牙全家族合影

2017年10月梵蒂岡覲見教宗方濟各

2018年5月《康健雜誌》採訪

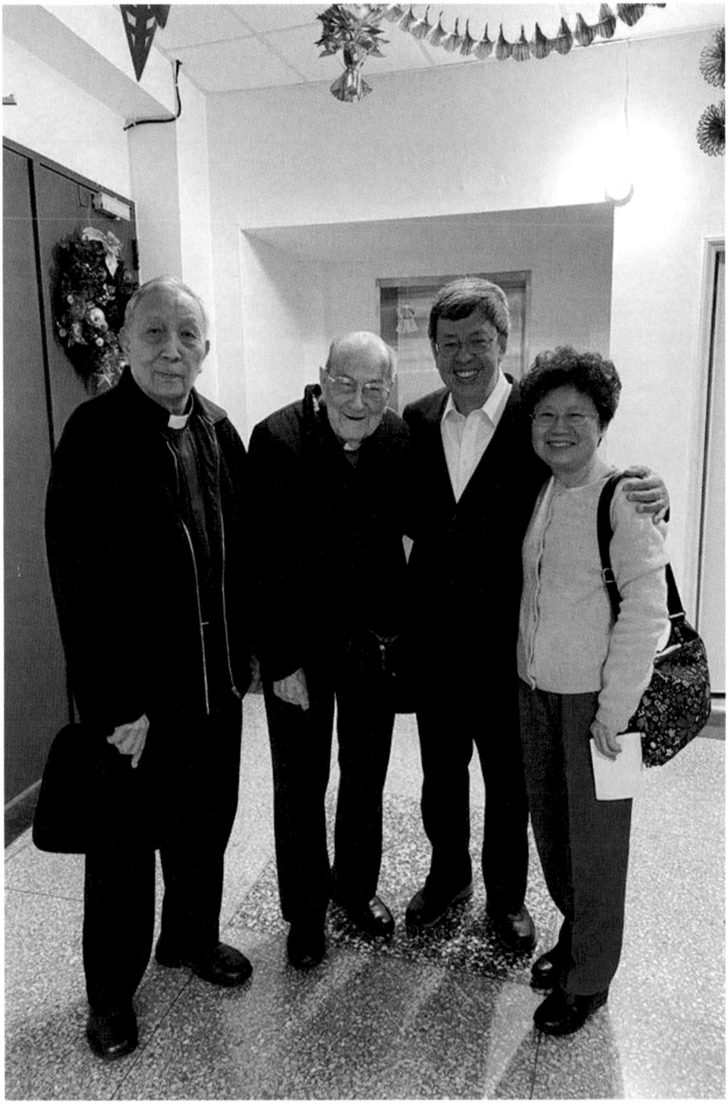

2019年12月11日投票當天與前副總統陳建仁夫婦合照

一指神功回信

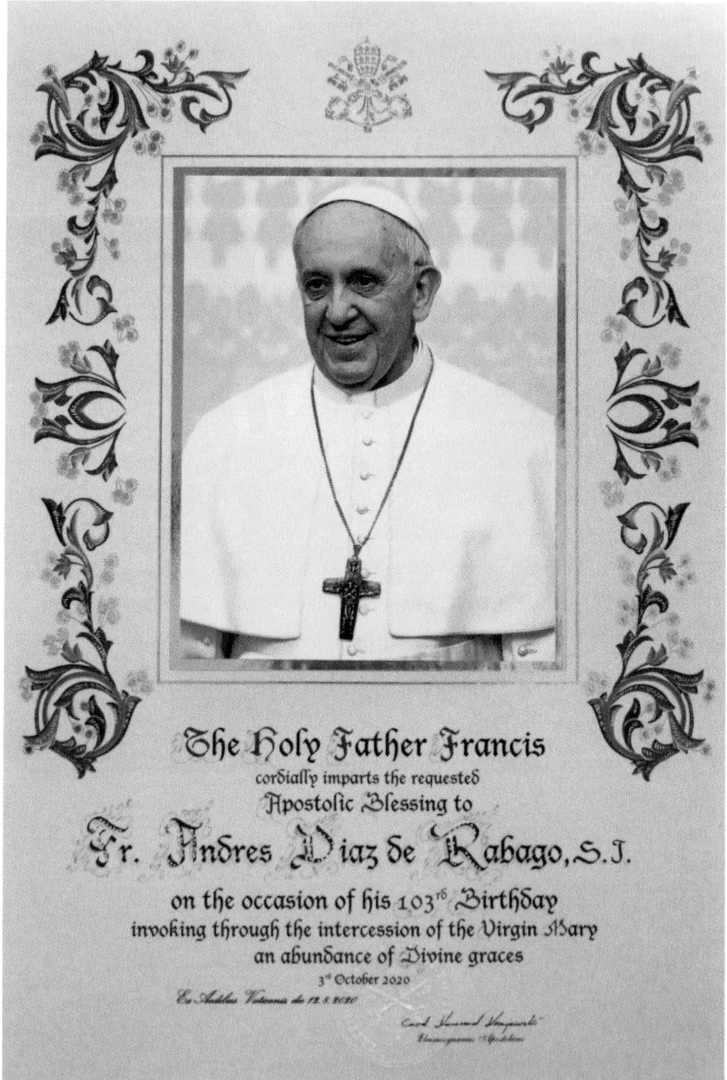
The Holy Father Francis
cordially imparts the requested
Apostolic Blessing to
Fr. Andres Diaz de Rabago, S.J.
on the occasion of his 103rd Birthday
invoking through the intercession of the Virgin Mary
an abundance of Divine graces
3rd October 2020

2020年教宗方濟各降福狀

Part Three

臺灣：我的家

5 親歷福爾摩沙

在耶穌會的安排下，一九六九年我從東帝汶離開，被派遣到臺灣繼續我的福傳工作。當時我還在東帝汶修道院擔任院長，同期間臺灣大學醫學院有一位公共衛生背景的美國籍江建神父（Fr. Edmundus Fitzgerald）開了一門新的醫學倫理課。然而這位神父在上課一段時間後，發覺身體有異狀，多次寫信給會長，希望會長能夠派有醫學背景的會士到臺灣接替他教授醫學倫理的課程，因為他知道我是一名醫學博士也學過中文，這樣他能回到美國接受醫療的照護。

我一開始並不知道此事。但因為東帝汶修道院確實有人接替。我在一九六九年按照長上的安排，轉了好幾班的飛機，也不太記得是飛到哪，只記得有經過澳洲的達爾文，後來抵達臺灣。

飛機緩緩降落，我的心情萬分激動，從飛機窗口望向窗外，心裡吶喊著，是「Formosa，這個美麗島」！

天主給我的五十二歲禮物

小時候在西班牙唸書時，我清晰地記得，在地理課本上讀到「福爾摩沙」這個島嶼的存在，對當時不到十歲的孩子來說，這個地方令我非常興奮，因為在我們的語言中，每個人都曉得福爾摩沙的意思，就是「美麗的島嶼」。

我一直記得這個美麗的小島，也記得這是帝國殖民時期，葡萄牙在遠東地區航運頻繁，船員在經過臺灣海面上，驚呼島嶼上高山峻嶺青綠蒼翠，替臺灣取的美名。

我有時會想，多麼奇妙！在今天臺灣許多人的爺爺奶奶出生之前，我已經在學校的課本上讀過福爾摩沙；在各位讀者的爸爸媽媽誕生在福爾摩沙之前，我已經雙腳踩在這塊土地上了呢！我可能是當今臺灣最早知道福爾摩沙的外國人啊！

但我從來沒想過，這個曾經在書上讀過的「福爾摩沙」，竟在天主的安排下，成為我的另一個家。在這裡生活超過半世紀，五十幾年間，能親眼見到她真正的美麗與變化，感受這片土地上淳樸溫暖的人情。

來到臺灣時，我已經五十二歲了。

相對於一九五〇年代，一九六九年的臺灣，反攻大陸的氛圍已消退許多，兩岸情勢稍緩，因越戰和冷戰關係，國際情勢也有所改變。臺灣在國民黨政府的威權體制下，經濟正在緩緩起飛。耶穌會遠東省也漸漸認知「回大陸」的機會越趨渺茫，會士紛紛來到臺灣持續福傳的工作，後來遠東省於一九七〇年改名為中華省。

我似乎就活在這樣的時代動盪裡。時隔離開中國已經有二十年，再度踏上同樣擁有豐富中華文化的臺灣，心中那份五味雜陳，很難用言語表達。感覺回到了曾經拜訪過的地方，但又帶著全然不同的味道。

這像是天主給我的一份禮物。

天主讓我用不同的形式，延續在華人社會傳道的目標。也因為我在北平生活過，相較在菲律賓和東帝汶的日子，初抵達臺灣，觸目所及，在在都讓我想起昔日在北平的日子，那是一份熟悉與想念。

然而，不一樣的地方是，在臺灣我覺得比較安全和舒服！喔！總算讓我找到一個比較貼切的詞形容那種不一樣的感受。

相較一九四九年的北平，邊修道邊擔心著中國共產黨打過來，在臺灣，我慶幸那份不安的感覺離開了。當時離開中國是因為打仗，到臺灣則是因為耶穌會認知到離「反攻大陸」的可能越來越遠，也將大部分資源逐漸移到臺灣。所以我對臺灣的第一印象，多了一份安定感，尤其在生命經歷過幾場內戰之後。

初抵臺灣，剛好是強颱來襲的幾天之後。

當時我在飛機上，看到臺灣多處田地都被雨水覆蓋，災情慘重，一眼望去——好多湖，好多河，好多水啊！——那震撼的畫面讓我印象深刻。我記得那個颱風是以一位女性的名字命名的，很有名——啊！想起來了，是維奧娜。

我開始在臺灣生活。

當年的台北大多仍是田地，水稻田，還沒有很多樓房。火車在地面上跑，鐵路還沒有地下化。過平交道的時候，會有柵欄放下，行人要先等火車經過，有時得等上很久。那個年代，還在討論鐵路要不要地下化——所以「等火車經過」是當時生活在台北的日常。

我也親歷臺灣經濟快速發展的階段。都市化與現代化的速度，都讓我感到非常吃驚。這幾年我到台北各處探訪病人、教友，都搭捷運和公車，但你知道嗎？當時耕莘文教院前面的捷運站，都還是小河啊！田地啊！這讓我想到我在上海時，有一百多萬人住在水上的船屋。你看現在，發展得真的很快。

許多外國神父初到臺灣，因臺灣濕熱難耐的天氣感到不適。這點對我完全不是問題。我已經習慣了。在菲律賓、在帝汶島，快二十年都在很熱的環境，所以對我來說不是難事。在北平，冬天是零下二十度，臺灣完全不同。我比較怕冷，臺灣和西班牙的氣候比較相似，也比較適合我。

中國國民黨被共產黨節節逼退遷往臺灣，在臺灣延續中華民國的政府體制。而被驅趕的耶穌會，也將主要的傳教工作移往臺灣、東南亞等與華人有連結的地方。因此不只是我，許多原本在中國傳教的外國傳教士，也陸續來到臺灣。當時全世界約有三萬多位耶穌會成員，其中七百多人在中華省。

這些離開中國大陸的耶穌會成員，各個都是強將專才，積極在各地持續推動各領域的傳教工作。有些在菲律賓馬尼拉和宿霧，分別成立中學，成為當時重要的學術機構；有些在越南和泰國幫助當地主教建立修道院，培養會士人才，到現在都還持續在各地發揮影響力。

遍地開花的耶穌會

在一九五〇與一九六〇年代，臺灣更是中華省耶穌會與在地連結，遍地開花的時期。

起初，新竹縣市成為被逐出大陸的耶穌會士的第一站。

各國傳教士在中國大陸耶穌會傳教區的分佈，被挪移到新竹。原本在揚州的會士被分派到新竹市；安慶的會士到竹東；蕪湖到新埔；蚌埠到湖口；獻縣到芎林；上海到北埔；徐州到關西；景縣到新竹市光復路。從前，這些傳教區都由分散在歐美各國的耶穌會提供豐富的經濟援助。

接著傳教區從新竹、台北、高雄一直擴展到全台多處，紛紛建立了教堂以及學術機構。其中耕莘文教院裡的耶穌會士積極推動山地服務、青年寫作、文化藝術等面向的使徒工作，在臺灣文化與教育推動上扮演相當重要的角色。來台的外國神父，也善用各自的專業技能，與當地資源結合，發展出許多在當時看來頗為前衛的發展。

舉幾個例子，比如法國的雷煥章神父（Fr. Lefeuvre, Jean Almire Robert, S.J.），和我一樣，是在一九五二年的同一天，一起在上海由龔品梅主教祝聖為神父。我們都叫他「雷公」，他一九五五年來到臺灣，抵台後，雷公除了傳教工作，也研究甲骨文、金文以及漢學文化，並與其他法國會士合作，編寫《利氏漢法辭典》，這部辭典耗時五十年，是世界上第一部最大規模的漢法辭典。

另一位奧地利溫知新神父（Fr. Friedrich Weingartner, S.J. ），因國共內戰，先到菲律賓，和我是先後腳到臺灣，他對賽夏族的語言研究特別感興趣，與當時的文化建設委員會，幫助賽夏族人做語言的保存。

另外，在六〇年代末來到臺灣的丁松筠（Fr. Jerry Martinson, S.J.）和丁松青（Fr. Barry Martinson, S.J.）兄弟，大家都稱大丁與小丁神父，我稱大丁——傑瑞，兩兄弟都跟我很要好。出生於美國聖地牙哥，傑瑞在民歌餐廳彈吉他駐唱，同時主持光啟社與長頸鹿美語合作的英語教學節目；小丁則在新竹縣五峰鄉的清泉部落，長期透過藝術投入原住民服務。他將原住民圖騰等元素，融入彩繪玻璃、壁畫創作中，佈置教堂的牆面，給在地部落注入力量。

除此之外，其他修會像是天主教白冷會（Bethlehem Mission）的紀守常神父（Fr. Alfred Giger），也是從中國逃往臺灣，後來被稱為蘭嶼之父。當時他從高雄坐了十五小時的船，抵達蘭嶼，就在當地奉獻了他的後半生。他長期從教育扎根，並融入族人生活，與在地人建立了穩固的信任與深植的感情。

每位傳教士都發揮各自的特長，在不同領域中實踐福傳使命。我因為有醫學的專業背景，被派到台大醫學院教書，天主要我鼓勵與聆聽青年，也要我好好的陪伴病人。

初到臺灣，我先在耕莘文教院住了一陣子，不久就被送到新竹的華語學院補修中文，與來自十七個國家的七十二位新生一起上課，包括三十六位修士、二十二位修女和十四位在俗的學生[57]。

我也開始重新使用我的中文名字。原本在中國使用的中文名是「惠甘霖」，但是因為臺灣的家庭裡沒有人姓惠，倒是很多女孩子在她們的名字裡有「惠」字。

57　引用房志榮神父於輔仁大學神學院《神學論集》二〇〇七年秋季號〈一九四九年以後的耶穌會在中國〉。

當我和其他會士正在傷腦筋該要改成什麼姓氏時，一個西班牙神父高欲剛（Fr. Juan Antonio Goyoaga, S.J.）走來，說耶穌會在這裡沒有神父姓賴，但這個姓氏在台灣很常見，我也就爽朗地答應！所以後來改為「賴甘霖」，這個名字初生於福爾摩沙，並與我在臺灣一同成長。

在華語學院，初識和我同年抵達臺灣的小丁神父。我也是在那兒認識同樣來自西班牙的穆宏志神父（Fr. Jesús M. Muñoz, S.J.）。雖然穆神父小我二十六歲，但比我早一年進到華語學校。聽穆神父說，當時那裡有台很大的錄音機，我們為了學中文，讀書的時候就會一起坐下來，聽聽，再倒帶一次聽聽。我記得沒有他那麼清楚，但那段學中文的時光確實是短暫而美好。

三個月後我回到耕莘文教院。有一天，請託我接任臺灣大學醫學院醫學倫理課程的江建神父倒在聖堂裡！另一位神父急忙找我，他大喊：「神父！江建神父倒在聖堂裡！」隨後救護車來了，送去台大急診，做了腦部的檢查，結果——是腦癌，他即刻回到美國開刀。當時的江建神父確實需要更多時間休養，能讓他回到家鄉是好的。

江建神父對我人生的影響非常大。沒有他，我今天會在哪裡？天知道。

剛到臺灣時，江建神父給了我很大的幫助，他和我分享他的教學筆記，和他豐富的教學經驗，讓我可以很快地開始在台大教授醫學倫理學。等到他要離開臺灣的時候，我也因此必須緊急接替他的醫學倫理課。本來需要惡補一年的中文課程，我只讀了三個月就中斷了。返回台北接任在臺灣大學醫學院教書的工作，其結果就是——我的中文還是——很不好！

即使是緊急的狀況，我認為這不是中文沒學好的藉口。我的國語不只是不好，而且是真的很不好！很不好！很不好！

我錯了！

我一直在重複說這些話，因為我是真心在懺悔。我的華語程度，根本小學還沒畢業，真是罪過！別人聽我說國語真的很難過，可是我也沒辦法，哈哈！

我這一生好好學習中文的時間，可能前後加起來只有幾個月。偷偷跟大家說，在北平唸中文的時候，我的中文老師吃完早飯後時常有濃濃的大蒜味。到現在每當我回憶起在北平學習中文的點滴就會與大蒜連結，那味道讓我學中文常常分心。不過，中文學不好實實在在是我自己不對，這是我一輩子的遺憾。

一個中文沒學好的人當起教授

一九七〇年我正式獲得教師任用資格，開始在臺大醫學院教醫學倫理，其中包含醫病關係、醫療行為、藥學系的藥學倫理，以及護理系的醫護倫理。

另外，我也開設拉丁文課程。

選修拉丁文課程的學生多是法律系或是外文系的學生。一開始其實很緊張，雖然我有醫學的背景，我神學博士論文所探討的就是器官移植的倫理問題，因此對醫學倫理領域並不陌生，但要用中文授課清楚，表達仍然是一大障礙。

我一方面中英文夾雜，一方面用我的肢體語言盡力補充。論文講義的部分，時而英文，有時夾雜拉丁文，因此，很複雜！我都說我的學生都要很有耐心才行。

一九七〇年我在台大第十三屆護理學系教「護理倫理學」，其中一位學生陳惠姿日後回憶道：「讀護理很多書都已經像天書，像是解剖學、生理學、病理學、藥理學等……但上課聽不懂至少還有教科書。但是當時發現倫理學沒有課本！上課中儘管賴神父以『華語』加上『全身肢體語言』，台下我們能捕捉的多數是『隻字』或『片語』，像是『病人』、『鐵肺』(相當於現在呼吸器的功能)、『該不該?』……筆記上能記下得相當有限[58]。」

我另外一位學生則這麼說過:「上賴神父的課,可以算是大學時代,最令同學們回味的上課經驗之一[59]。」

我也是很不好意思,謝謝學生的包容。我沒有語言的優勢,只能盡力用豐富的肢體傳達我對教學的態度,和對學生以及對臺灣這塊土地的熱愛。

我很開心在十多年後,我的學生陳惠姿也成為教同一門「護理倫理學」的教授。她提到當時開始教授這門課時,即使沒有語言的隔閡,但倫理學不如其他醫學知識有個趨近標準的答案,這門課討論的是醫師與病人溝通的特殊性問題,包括死亡、墮胎、避孕、人工受孕、外科手術、實驗研究、麻醉、精神分析等各個面向的問題。倫理上的觀念時常需要依照個別情況去分析,並非有一個標準的答案,因此,教授起來難度反而很高。

58 《我的可愛—天賜甘霖》p.109
59 《我的可愛—天賜甘霖》p.57

她很感謝我教書幾十年來，以行動告訴她，教倫理學別無他法——要付出百分之一百甚至是兩百的努力，加上教學的熱情才能夠勝任。我非常感動！她引用的這段聖詠第十九章第四節寫道：「不是語，也不是言，是聽不到的語言。」真是再貼切不過。

對護士協會的輔導

除了在臺大醫學院教書之外，我也擔任中華民國天主教護士協會的輔導神師。第十三屆護理系的學生黃璉華，於一九七四年畢業後，雷神父邀請她加入中華民國天主教護士協會，惠姿也是。這個協會是屬於國際天主教護士協會的一員，因此每四年開一次世界大會，期間每兩年舉行一次亞洲區會議，她們因此有很多機會參與國際組織的活動。

璉華曾經用文字紀錄那段過往。

她說，年輕的她們缺乏出國開會的經驗和語言能力，也沒有資源和足夠的經費，覺得根本不可能參加什麼國際護理組織。但是，璉華說，從一開始，我就在她們身邊，協助她們克服難關。經費不足的時候，會到處想辦法尋求贊助、募款籌錢；寫信報名的時候，會幫助她們練習英文表達，建立信心等等。總之，用各種方法、協助、鼓勵這群年輕的護理人員出國參與國際會議。

老實說，我真的記不太清楚細節。但我知道其實我根本沒幫什麼忙，是她們自己都非常的努力。從旁看著這群年輕的護理人員，真的很欣慰、很感動。這樣，她們終於第一次成功到菲律賓參加亞洲區會議；第二次到澳洲開世界大會。出國的時候，我委請靈醫會的傅立吉神父帶隊照顧她們，很謝謝傅神父。

漸漸地她們累積了經驗，也練就了膽識，出國的大小細節也不再需要神父們一一張羅。團隊更是在當時崔如銑修女的協助下，在一九九四年比利時舉行的世界大會上，成功為臺灣爭取到一九九八年世界大會的主辦權。

學生們當時是相當惶恐緊張，璉華寫道：「我的天啊！那是很大的事情，那時候我們爭取到了。我們還跟新加坡等於是競爭。宣布是臺灣主辦的那一剎那，我們全都欣喜萬分！」恰好當時輔仁大學護理系剛成立，成為當年大會最佳的後盾。在眾人的齊心協力和團隊號召下，動員臺灣幾百名教友，包下劍潭青年活動中心，轟轟烈烈地辦了第一次的天主教護士協會世界大會。每個人當時都非常興奮，他們達成了不可能的任務，連李登輝總統都蒞臨現場。

璉華很感激那段奇幻刺激的冒險之旅，她說「賴神父真的是一手呵護天主教護士協會長大，他是幕後很重要的推手。他就是要讓世界看到我們，如果用現在的形容詞，那真的是替臺灣做國民外交，替教會做臺灣的國民外交。」

她說的我很不敢當。我不覺得自己做了什麼事。這完全是靠著大家緊密的合作才能達成。我還記得那次世界大會的總召夫妻檔，他們完美結合了政府與民間的各項資源和力量，讓不可能化為可能。他們合作無間的默契，才是成功的最大關鍵。

二十二年後，再提起這段時光，我的確同樣興奮，也替這群團隊感到驕傲。真的太驕傲了。當時我的一群西班牙朋友也來參加這個大會，他們私底下和我說：「這是他們參加過有史以來辦得最好的一次！」

我覺得臺灣可以做得到。只要政府和民間能協力合作，而不是互相爭吵，臺灣可以做好非常多的事。對！我要再三強調合作的重要！這是成就事情的關鍵。

這麼多年的教書生涯，我有很多學生。例如：到醫院去探病或為教友傅油[60]時，偶爾會遇到我的學生。曾經在香港機場巧遇我教過的醫學院學生，那位學生後來也在大學藥學系教書。我感到很欣慰，學生不但記得我，更重要的是，他們往後也貢獻所學，教育下一代。

有一次我巧遇一位曾經在臺大修拉丁文課的學生，他看到我的時候激動地和我說：「老師，我要領洗，若不是上您的拉丁課，我不會想成為教友，希望請老師您幫我領洗！」[61]

每次提到這些故事，我總是非常感動。拉丁文是語言相關的課程，我不會時不時講大道理，更少提及天主教信仰的意義，但沒想到我在課堂上對同學的關心，能感動許多學生。「是賴老師您讓我一直在想，為什麼您要對我們這麼好，我那時真的很感動。」這位學生給我寫下這段話，當時他正在攻讀醫學博士學位，後來也成為大學教師，找到人生的方向。

60 傅油為天主教中，以油塗抹，為生病的信徒赦免其罪，並給予病人靈性上的幫助和安慰。傅油原僅在臨終時才施行，但後來凡生病——尤其重病者，皆能透過傅油，得到祈求被治癒的祝福。

61 《我的可愛—天賜甘霖》p.73

而我想說的是，假如你愛這個地方，用很大的愛，去愛這裡的人，那你一定可以克服各種難關的。

6 趴趴走社團老師及小賴爸爸

位在杭州南路巷弄內的震旦中心，鄰近臺大法商學院和醫學院，以及台北商專等學府，是許多學生課後看書、閒聊與舉辦活動、聚會的地方，許多學生會在那邊寫作業、和不同學校的青年交流，有些學生也會在那裡讀報、彈吉他。

震旦中心是由一群本來在上海震旦大學的校友成立的，包含教友與非教友。天主教耶穌會在近代中國的歷史上，一直扮演重要的角色。而震旦大學則是由耶穌會士在上海創辦的，「震旦」源指東方初昇的太陽。然而因國共內戰，中華民國政府遷台，這群從上海來到臺灣的震旦大學的校友們，便在這裡成立震旦中心。希望能夠延續他們對社會的服務，繼續福傳的工作。

它像是一個社區的活動中心，開放給附近的居民和學生使用。一樓是學生活動交誼廳、聖堂、辦公室、神父的餐廳及廚房，二樓是外語教學中心，三樓是免費提供給學生的閱覽室，四樓是神父們的宿舍，那裡居住著來自不同國家的神父們。在震旦中心，大部分是法國籍神父，而我是其中唯一的西班牙籍神父。

到震旦中心的任務

一九七二年，我被調派到震旦中心，並於一九七八年在團體擔任院長，管理會士的大小事。

我經常會快步霹哩啪啦的爬樓梯到四樓，神父們的宿舍，看有什麼東西要換，然後砰砰砰的全部都搬下來，請當時的員工——黃先生開始打掃清洗。我也時常到閱覽室巡視，關心學生的狀況，所以有人說幾乎沒看過我有停下來的時候。好像確實是這樣。

除此之外，震旦之友協會的組成也包括中華基督神修小會成員、台大法醫同學會、活泉基督生活團、康寧基督生活團以及台大和台北商專光啟社等團體。

我因為擔任台北商專光啟社的輔導，也有更多機會與大約十五至二十初頭歲的年輕人培養更深層的互動。光啟社的社團辦公室在震旦中心內，它是一個宗教服務性社團，但是不論是否為教友的學生都能自由參加。因為是以交流性質為主，反而非教友的比例比較高。

我看到學生就會很自然地親他們臉頰和擁抱他們，這是在西班牙很正常的打招呼方式。一開始，同學們對我表達熱情和愛的方式，感到相當彆扭。然而久了之後，他們就習慣了。我相信他們可以感受到我內心的真誠與溫暖。後來再更熟絡了之後，他們喜歡叫我「小賴」。依照我當時的年紀，他們應該叫我「老賴」才對，可是我們之間沒有因年齡差距有隔閡，百無禁忌。既然這樣，我也就叫他們「可愛們」，每週聚會的開場白都是喊他們：「可愛！可愛！」

無論是「小賴」還是「老賴」，只要能和年輕人在一起我都喜歡。歲月不需要催人老，大家都可以保持旺盛的精力和可愛的笑容，如不缺火種的營火，活力可以持續燃燒。

多年後，很多事情我都不記得了，但是這些可愛們記得。他們說起當年的回憶都讓我會心一笑。

有一位學生提起光啟社週三活動的聚會，說那次的主題是分享「家庭」。她提到自己過世的生父與後來的養父，講著講著眼眶不禁泛淚。她說當時我就馬上和她說：「我的可愛，妳是幸福的，因為妳有三個爸爸來愛妳！妳不僅有妳去世的生父和養父在天上護著妳，妳還有我賴神父在世上愛著妳。」她跟我說，然後我給了她一個大大的擁抱，這些回應讓她日後回想起來，總感到無比的溫暖。

另一位學生寫了一張卡片給我，回憶說我總是稱他們為「可愛」，好像不可愛都不行。

其實，當時年少仍輕狂的他們，有些人滿懷心事，有些人喜歡吹牛或鑽牛角尖，有些會重傷別人，有些人又愛吃醋，有些人總是我行我素。在學生正值叛逆的年紀，我輔導這些學生也不是那麼容易的事。而我最有把握做的，就是把每個學生一概擁入懷裡，真誠地聆聽他們的需要和心情——不論是好的壞的。

我總是和學生說：「你知道我不會因為你跟我說的話而討厭你。相反的，我會更愛你。謝謝你告訴我這些，下次有困難時記得來找我。我愛你！但天主更愛你！」

喜歡陪伴年輕人成長

黃意玲是在民國八十三年加入光啟社，因為這個機緣認識我。她在兩千年短暫在耕莘文教院工作，直到二〇一三年再調回來。現今擔任我的行政祕書。她談起我的事情，說得很仔細。

意玲說我時常很忙碌，當會士生病時，總是一馬當先的堅持陪去醫院看病，修會裡的各項活動與教會內的邀約總是盡我所能的參與，是個「趴趴走社團老師」。而遇見學生的時候，因為他們總是很吵鬧，所以我都會先在一旁靜靜地微笑著聽他們談論了什麼，然後再回應。可是她說等到換我講話的時候，我雖然會細心地回應剛才大家討論的事情，但有時也會很激動，加上我那不流利的中文，所以他們常常聽不太懂我的意思。

「不過沒有關係，賴神父是我們的精神支柱，只要他能參與我們就好。」意玲這樣說。

意玲雖然這麼說，可是聽她形容那種場面，想像著我一面激動，一面國語講得口齒不清的樣子，還是讓我覺得很不好意思。

我很喜歡陪伴這群年輕人，從一九七〇年代陪到今日。看著學生們成長，一個個地經歷人生重要的關卡與時刻，好像把學生的人生里程收在時光寶盒裡，幫他們見證一起走過的日子。

我看見這群學生的開放與開朗。比起大學生，專科學生的心智發展有所不同。他們因為接觸社會實務面向的較早，相對會更成熟一些。所以我總是很細膩地與他們相處。許多台北商專光啟社的學生，一直到今天都和我維持密切的關係。許多人跟我說，我對他們是有如「小賴爸爸或爺爺」的存在。

而我也很榮幸，可以有把大家聚在一起的作用。

在我的辦公室裡，放了一張全開海報大小、裱了框的生日卡片，那是第一屆光啟社的學生送給我一百零二歲的生日卡。

即使後來光啟社不如以前興盛，社團也因人數過少最終結束，但每年我過生日的時候，他們都一定會一起回來找我，還有過年的時候也會來拜年。包括第一屆的學生，還是這樣每年都回來，大家都把我當成家人一樣。每逢這些日子必定聚會慶祝，這樣也快要半個世紀了！

我也幾乎不缺席光啟社的冬令營或是夏令營活動，從我六十幾歲到甚至快九十歲，都跟著年輕人一起上山下海，到新竹山上、碧潭溪邊或是萬里海邊，只要我身體還允許，我就盡量陪伴。

每次出去，我都覺得要扮演好照顧這些學生的角色。我非常在意出遊時每個人的人身安全，對此我總是戒慎恐懼、戰戰兢兢。尤其我是在海邊出生長大，海邊距離家裡不到五十公尺，我一方面能體會海的美好，但也總是銘記著海可能帶來的危險。

有一次，我和光啟社的學生到新店碧潭玩。因為很多學生是第一次划小船，他們在船上左右邊容易重心不穩，學生移動來移動去，哎呀，這非常的錯誤！船可能會因不平衡而翻船的，我看到那樣真的是擔心死了啊！

第二次是在基隆萬里的海邊，那時候我和學生結束活動後，到海邊遊玩。我看到十七、八歲的小朋友不會游泳，卻一股腦兒地衝到海裡玩。我當時在岸上非常害怕，一直確認誰誰誰在哪裡。我和學生很親近，像是家人一樣，因此每次帶學生去海邊或溪邊，我都很謹慎，都是考驗。我認為自己有責任，要把每一個人安全的帶回家。

這件事讓我這麼恐懼，其實是有原因的。

之前在帝汶島時，出了一次的意外，讓我至今仍感到難過痛心。我在帝汶島的學生，和我一樣出生在海邊，我因此認為學生應該都有多少對海的認識。每週四，老師和學生們會固定一起去海邊玩，老師和修士在海灘散步，學生們自行戲水。有一次，我如以往和修士與學生一起到海邊。到了預備回程的時間，吹哨子集合時，我們看到沙灘上有一件熟悉的衣服。我記得那是其中一位學生的，但是卻沒有看到人。

我心頭一急，四處尋找，但仍然找不到。許多附近的人都來幫忙找，警察也來了，幾個小時下來，仍然沒有消息。我請老師先讓學生們回去。後來，來了幾個當地人，他們判斷這位學生應該是被捲到海裡的洞凹處，即使在那裡等待也沒有希望。但我不想放棄，即使周圍的人勸我離開，我仍然在那裡持續尋找。因為我知道，如果我回去，他就真的死了。果真，隔日早晨他的屍體浮出水面。

我那時候真的好難過，別的學生也都很難過，我們好好的在一起，為什麼我的學生在我面前死了?大家都在一起，一個卻不見了……我感到非常悲傷，學生竟然就在我的眼前離開。誰也不願意這樣的悲劇發生，但也讓日後的我更加謹慎小心。

除此之外，遇到不公義的事情，我可是也會發脾氣的。

有一次，學生在萬里的達義中心舉辦夏令營，其中一個活動是到翡翠灣玩水。可是那時候剛好翡翠灣正被規劃為私人土地，警衛來趕我們。我當時非常生氣，因那時還沒完全被歸為私人，我就站出來和警衛辯論，但因為我的中文不太流利，對話變得有些好笑，警衛有點沒轍，就讓我們在那裡繼續活動。

不論是在臺北商專光啟社輔導學生或是在臺大醫學院教書，我很多時間都是和年輕人一起。許多學生說，我的陪伴給他們帶來很多的力量。就我而言，不論是六十歲、八十歲還是一百歲，我在臺灣最要緊的事情，就是跟學生相處。我都會設法用年輕人的心，希望與年輕人更貼近。

我可以說，我是了解這些年輕人的。

永遠的聖誕老人

耕莘文教院新大樓落成前，我便搬到耕莘接手主日學兒童彌撒。本來已經有多繁重的工作，但能陪伴孩子的機會我總是樂此不疲。

從那時開始，我每個星期天早上的九點到十點，在聖心堂主禮主日學的小朋友和老師們的兒童彌撒。

「主日」是指「天主的日子」，主日學則是讓兒童在星期日到聖堂向天主學習。

許多當時的老師或是家長會說，我在聖心堂帶主日學兒童彌撒，是用盡全身每個細胞的氣力，又說又唱又跳，活力充沛。即便年齡這麼大，仍用全身四肢生動地表達聖經故事，希望孩子了解它的意義。

我確實很喜歡和孩子貼近。我會邀請孩子上台表演，完畢後用親兩頰的方式送他們回座位上。我想小朋友都挺喜歡我，家長會說每主日小孩也都很期待可以來見見我，參與我主禮的兒童彌撒。彌撒中都會有一個互祝平安的環節，孩子就會從左邊、右邊、前面、後面跑上來抱著我，親親我，我也會給他們熱情的大擁抱。

每到聖誕節，耕莘文教院會舉辦一系列的聖誕慶祝活動，大家都說我是文教院「永遠的聖誕老公公」。因為我都會扮成聖誕老人，又唱又跳的進場，然後在臺上賣力演出，高唱聖誕歌曲。

我的招牌「聖誕舞」，常常逗得小朋友們不亦樂乎。看到小孩笑成一片，我也覺得很開心。最後我們會分送禮物，我也會一一給小朋友們擁抱。到了九十幾歲，我仍希望繼續扮演著大家心目中的「聖誕老公公」。主日學的老師開始擔心我的身體無法負荷，但只要體力許可，我仍會穿上全套的聖誕老人裝，戴上白色長長蓬蓬的鬍子，在臺上臺下，盡力帶給大家耶穌誕生的歡樂。

每次堂區有活動，我時常會被拱上台去唱歌表演。我總是會說：「要服從主席！」接著就上台。

我會「嗯嗯啊啊」的唱起西班牙的情歌，有時會帶鈴鼓或樂器。雖然大家聽不太懂我在唱什麼，但我盡力地用身上每個細胞深情投入，我想大家也能感受到我想傳遞給他們的能量。

其實不光只是幫忙主日學的活動。

在臺大教書時，天主教護士協會、臺北商專光啟社等，我也受邀擔任團體的輔導。在菲律賓時，和大學生朝夕相處；在東帝汶時，我則是帶領神學院的修道生。

和小朋友們打成一片，還算是我挺擅長的事。我年紀很大，但是三、四十年來，與我互動的年輕人、小朋友，幫助我維持年輕的心境，所以我實際上還沒老！我感謝這些年輕人和小孩子，讓我隨時都能維持著健康年輕的心態。

當了幾十年的「永遠的聖誕老公公」，也足夠讓我在主日學陪伴的孩子們，長大到出社會了呢！

思華就是其中一位。她現在是古亭耶穌聖心堂主日學三年級的聖體班老師，也是一位在醫院工作的呼吸治療師。她在幼稚園時就在主日學念天使班。她說她對我一開始的印象是——溫暖的笑容，充滿力量的擁抱，矯健的步伐，與愛孩子們的聖誕老公公。

一個颱風天的清晨，當時思華才高一，在榮總進行左腳副舟狀骨切除手術。當時我原本要在進開刀房時給她送聖體，由於會內有位年長的神父臨時身體不適，我要先帶老神父到耕莘醫院治療，陪同返家，緊接著，再奔到榮總看她。

等我趕到病房，沒有見到她，便往手術室去，一抵達，見到思華從手術室裡出來，她還處於半身麻痺的狀態，眼皮還睜不太開。我緊握她的手，和她說：「天主好愛妳！我也好愛妳！妳是天主的寶貝！是我的小寶貝！」[62]她說，那是爸爸和女兒深切說話的口吻，她永遠記得。

十九年過去，我看著思華從幼時到長大。出社會回到聖心堂擔任主日學老師，希望也可以將自己在主日學獲得的天主恩寵，分享給下一代的小朋友。

當我知道思華決定要到主日學當老師，帶聖體班孩子的時候，又驚又喜。我開玩笑地和她說：「哎呀，妳不久前才跟我的腰差不多高，現在居然這麼大了！」我很開心看到她的成長，為她長大後願意回饋教會與社會感到很欣慰。我都會叮嚀她要記得時常告訴孩子：「耶穌好愛好愛他們喔！」[63]

美妙老師，是思華的母親，也是主日學的老師，我和她在二十五年前就相識。當時她帶著孩子來主日學上課，思華那時才五歲，兒子兩歲，即使我已經七十幾歲，仍盡力把滿滿的活力與愛，傳遞給他們。美妙老師後來也擔任古亭耶穌聖心堂主日學的祕書，協助老師安排小朋友的教學課程。

我的兒童彌撒結束之後，主日的十點到十一點半，是由主日學的老師們帶孩子上課。在孩子上課的時間，同時會安排「成長團體」，讓家長在等待小孩上課的時間，

62《我的可愛—天賜甘霖》p.139
63《我的可愛—天賜甘霖》p.140

一起沉澱、回顧過去一週的生活，彼此分享喜悅、挫折、疲累難過等感受，並試著在這一週做省察，看看耶穌在哪裡，祂如何陪伴大家。

美妙老師說我是她的神師，也是信仰道路上的導師。她說，「是賴神父教會我每天早上向耶穌祈禱，與祂培養關係，開啟美好的一天。」她也說我很像她的家人，會叮嚀她與陪伴她。美妙老師提到一次因坐骨神經有問題，我有到醫院去看她。之後她穿高跟鞋在耕莘上班，我喊住她，然後說：「美妙，這個高跟鞋不適合妳。」

美妙老師提到另一件事是，在主日學的開學典禮，親子彌撒禮成出堂時，我走到她的旁邊，和她說：「謝謝妳，這麼用心！」美妙老師說那句話帶給她很深的感動，她覺得我不需要說謝謝，因為她本來就是員工，用心做好每一件事是理所當然的，但這不對，我們應該對每個人每件事心懷感謝。

美妙老師說我對周遭每個人都觀察入微，保持感恩的心，讓她感動。其實這些細節我都不太記得了，我要好好謝謝她記得這些事。

7 守護健康，陪伴死別

「嗨！我的小朋友？你好不好？」

「你是我的小弟弟小妹妹！我好愛你，天主更愛你！」

只要病人有需要，我就盡可能地出現在他們面前。不論是病房、手術室還是神父靜養的地方，能力允許的情況，我都希望能夠在現場，給他們安定的力量。

因為我的醫學背景，在臺灣大半世紀的時間，我都負責照看全台耶穌會士的健康。

一九七二年，我開始擔任耶穌會士的健康守護人；一九七八年，耶穌會中華省省會長房志榮神父指派我當耕莘會院的理家神父及健康主任；到今天，與我在醫療工作上合作近三十年的葉炳強醫師，我都直接稱他炳強，形容我是一個耶穌會稱職的「醫療總監」[64]。

任何時間我都希望在他們身邊

耶穌會的會士們有任何身體狀況，不論是四五點的清晨，還是一兩點的深夜，我都希望自己能在他們身邊。

每次接到關於修會弟兄生病或住院的消息，只要時間許可，我都趕往醫院探望，可以說差不多是二十四小時待命。為基督，我樂於為大家奔波。

很多教友和病人住院要領聖體、傅油，我也都會盡可能答覆；在病人病急情況，有時也會身兼家屬的角色，跟著醫師到手術室旁的小房間，了解病人的情況。

有時我一天探訪三、四位，有時同一位一天探訪兩三次。我一天的行程常是這樣的——早上陪其他神父到耕莘醫院看病，下午陪另外一位神父到其他醫院看病，有時候會跑到耶穌會輔仁聖博敏神學院的頤福園——年邁神父或是會士們生病休養的地方，在那陪伴同修會的弟兄，偶爾臨時有突發狀況，需要到桃園的聖保祿醫院或是林口的長庚醫院探視病友。晚上七點晚餐後，有時會再去醫院探視病情不穩定的病友。

這對我來說是家常便飯，我也很開心能擔任這個角色。

現任耕莘文教院院長、也是依納爵靈修中心主任方進德神父（Fr. Elton Fernandes, S.J.）在接受採訪的時候說：「我常會對賴神父說，一定需要這個時候去看別人嗎？但賴神父都覺得是理所當然，他第一優先想到別人的需要。」

有教友提到，有一次禮拜一，他打電話到耕莘文教院找我，當時我去三重醫院；禮拜二又打給我，結果我正在去長庚醫院的路上；禮拜三再打電話來，哎呀，我人已經在台大醫院。

聽說那位教友快要受不了。他問我到底得了什麼病，為什麼三天兩頭都在轉院。其實生病的人不是我啦！我的工作就是穿梭在不同的醫院，去探訪一些在病痛當中的人。

另一次，耕莘文教院外下著傾盆大雨，教友看到我，以為我剛從其他地方回來。其實我才正要出門去石牌榮總。幾小時後我又趕在彌撒結束前回來，站在聖堂門口，

---

64 https://bit.ly/2EEN5C3

迎接結束彌撒的教友們走出教堂，給他們大大的擁抱與祝福。

也因為這樣，不論是神職人員、教友病人或家屬，大家都認識我。我很開心他們說能從我身上感受到那份安慰與被愛的感覺。只要別人有需要，我就會在。許多醫院工作的人員也都跟我滿熟的，大家覺得我很親切，也給醫院多增添了一些熱鬧與溫暖。

耕莘醫院的醫護人員，心疼我奔波醫院太頻繁勞累，甚至建議耕莘醫院幫我設立一間專屬辦公室，我拒絕了。我就是必須要動來動去啊！不然很快就會去見我的天主老闆了！我早就習慣搭大眾交通工具，這是我保持運動和健康的方法，一方面我也不希望給別人添麻煩。

炳強是我很常合作的醫師，我們很熟，他也提到我在醫院的一些事。

例如在四、五十年前，那時候醫院還有「手術要包紅包」的潛規則，我當時還偷偷地問炳強：「需不需要包紅包啊？」我知道臺灣有這樣的風俗，順口問一下，結果他似乎有點驚訝。哈！但他很快地理解我只是盡力地希望思考得更周全。

二〇〇四年，朱恩榮神父發生了一次很嚴重的中風，當時他人還在香港，我接到炳強的電話，便馬上和會長討論這件事，和修會其他三四位弟兄，一起想辦法用最快的速度，把朱神父從香港接到臺灣醫治。

在大家協力下，很快地在一天之內搞定所有的行政程序，包括旅遊保險、機票等瑣碎的部分，在那之後朱神父就在台大醫院住了很長一段時間。我都定期地探望他，為他祈禱，炳強也會和我報告朱神父的情況。

有天晚上，朱神父的病情突然惡化，他腹痛得厲害，後來診斷出是胸部主動脈出狀況。晚上我接到醫院通知，就想好好陪伴生病的朱神父，當時已經快一點了。炳強當時擔任主治醫師，他在朱神父病情稍微穩定後，先行回家休息。

第二天炳強上班時，看到我仍然精神奕奕地陪伴在朱神父的身旁，當時我已八十八歲了，他大感驚訝。其實我也不確定自己有沒有精神奕奕啦！只想著能陪在朱神父身邊久一點，朱神父需要我，我就會在。

先前提到的那位雷煥章神父，和我有六十多年的深厚交情。我們都叫他雷公，有時候也稱他為老魔鬼。

雷公和我都是因中國共產黨的壓迫，才先後到臺灣，結為好友。有一次，又到了一年一度的聖週四最後晚餐，雷公在震旦中心主禮泰澤[65]（Taize）彌撒，他非常看重這個禮儀。然而在彌撒進行中，他的經本掉落在地上，一聲重響，嚇壞了現場所有人。

一位教友衝上前去攙扶他，喊了好幾聲，都沒有反應，便立即送他到醫院。當時的雷公，已經八十七歲，有腸胃和心律不整的問題。他當晚都沒有進食，可能是血糖太低導致無力虛弱。炳強和我接到通知後，立刻趕到醫院。

還好只是低血糖反應，醫生說不需要住院，雷公當晚就可以回家。我便陪他一起回到震旦中心。當時大約是晚間十點，一些教友也在震旦中心陪著雷神父。

誰知道雷公忽然精神一來，眉頭一皺，激動地說：「我明明沒事啊！你們很奇怪耶！一群人硬是把我送到醫院去。」[66]

我知道雷公常這樣，但仍不放心，擔心他的身體會再有突發狀況。

我心想，好，那我留下來過夜吧！我先試了大門的鑰匙，並確認電話的外撥和接聽功能都正常，確定若意外發生我可以怎麼處理，才安心陪同雷公就寢。隔天陪雷公到生理指數稍微穩定之後，我才返回耕莘文教院休息。

後來雷公又發生幾次類似的情況，我幾乎一接到消息就趕到醫院去。

二〇一〇年九月二十四日，雷公又陷入病危，住進耕莘醫院心臟科加護病房。我緊急趕到現場，他在加護病房時，一恢復意識，就執意下床，「要回震旦中心……」。

雷公不想住院，想要回家。我就在加護病房守著他，明白雷公的心情。最後雷公是在耕莘醫院過世，許多人陪在他身邊，直到晚上九點多。實際的細節我記不清楚，但我們一直為他祈禱，陪他走完人生最後一程。

奔走於病房之間

自二〇〇九年後，我接替雷公在台大醫院祈禱室主禮每週三的彌撒。在彌撒前，我會跟著祈禱室的志工玉嬋一起去探訪病人。在彌撒前後，玉嬋會帶

---

65 泰澤團體位於法國南部一個名爲泰澤的小村落，是由超過一百名的天主教修士和具有不同基督新教背景的弟兄組成的大公團體，他們分別來自三十幾個國家。藉著他們的生活，泰澤團體本身就是一個分裂基督徒和分離民族之間的具體修和的見證。泰澤團體所用的祈禱方式的核心元素是靜默的精神、默想上主聖言，以及喜樂地詠唱讚美，在世界各地都有以泰澤祈禱方式的聚會。https://bit.ly/2BBLc7K

66 《我的可愛—天賜甘霖》p.161

我進病房，幫病人傅油和送聖體。我習慣進病房前，先了解病人的狀況後，再為病人施行需要的聖事。

玉蟬有一次因為車禍住台大醫院時，我去探望她。之後她母親過世，我也在旁邊。這是讓玉蟬決定在祈禱室當志工回饋的起點。

自那時起，她開始跟著我在台大醫院的祈禱室服務了十幾年。

玉蟬憶起，車禍後躺在床上無法動彈的時期，我三天兩頭就來看她，為她送聖體，也幫她按摩！有時我會幫她搥背，問她有沒有哪裡痛。這些我怎麼都不記得了呀！真的很不好意思。

我為她送聖體時，念祈禱文，內容是這樣的：「天主給的我都要，天主要的我都給。」玉蟬說她一開始不是很明白這個意思，但她跟著我探訪病人幾次後，慢慢體會到那幾句話的意義——遵照天主的旨意，把自己的意念完全擺在祂的旨意之後。

有一天凌晨一點半，玉蟬接到家屬打來的電話，是一位年輕的男孩，因為心臟病的關係即將臨終。玉蟬馬上打電話給我。

那時候是半夜，但我半夜手機都保持開機。一接起電話，我馬上答應。玉蟬立刻搭計程車來接我，然後我們再一起到台大醫院加護病房，幫病人施行臨終傅油聖事。

那天，玉蟬一直和我說對不起，因為她在深夜把我吵醒。施行臨終傅油聖事後，回到耕莘文教院時，已經是半夜三點了，玉蟬一臉愧疚。但我告訴她：「沒有，妳做得很好，這樣做是對的！」如果是家屬的需要，我便會出現在他們身邊。即使病人已經沒有反應了，但我們的出現，仍讓一旁的家屬感受到那份安慰與支持。

還有一天，時間已經很晚，接到德儀父親病危的電話，得知她父親大概不久人世了。

德儀和我初識是在北商天主教大專同學會的分會——北商光啟社，至今超過三十年，我參與她生命和家庭很多重要的時刻，她認識天主、領洗、戀愛和分手，我都在。每當遇到痛苦徬徨的時候，她會來找我傾訴。

當她在我的懷裡哭泣時，我就拍拍她的肩膀，安慰她與鼓勵她。在那些難熬的時刻，接納與聆聽就是最大的力量；我都會把一顆巧克力放在她的手上。我喜歡吃巧克力，甜甜的，那是給她的定心丸。

德儀父親離世的那一年，已經反覆進出醫院。每次病危通知一發出，我都會盡力趕到醫院降福她父親，好幾次都化險為夷。但在最後一次病危通知時，已是深夜，德儀說她很猶疑是不是該打電話給我，但在面對生命最脆弱的時刻，她知道她和父親都需要我，最後還是拿起電話，撥了我的手機號碼。

我當然是立刻趕到醫院。

我在她的父親頭上，覆手降福[67]並祈禱。而她父親的眼淚就緩緩地從兩頰流下。

德儀回憶那一晚，這樣說：「在那個當下，語言已經不重要了，賴神父的行為，能讓家人深深感覺到，『天主是愛』的體現，就是這個樣子。」

感謝天主讓我能夠陪伴她父親走完最後一程。也很開心能帶給她身邊的人那份平靜與安定。

幾年前，喬玲的父親因為胃出血而緊急被送往臺大醫院。

喬玲是虔誠的天主教教友。她生活上的大小事，都會和我分享。甚至她每次交往的男友，我都會跟她一起審核，也愛她選擇的人。所以喬玲常說，我對她而言，就像爸爸一樣。

在喬玲的父親住院期間，只要我有空，就會去醫院探望他們。有一次，喬玲看到我去探望，就抱住我。我強忍著淚水，一邊安慰她，一邊向躺在床上與病魔對抗的父親說：「這是我的女兒，我很愛她，所以我也很愛你。」

因此，當喬玲的父親要離開的那一刻，雖然她第一次感到即將失去親人的那份巨大恐懼，然而身為獨女，她必須強迫自己堅強起來。因此她馬上想到找我，而我也是一得知就立刻趕去了醫院，陪在他們身邊。

另外一個特別的情況，是玉蟬提到一位花蓮教區的教友，住在台北。他因為心臟病問題，吃抗凝血藥，但在車禍之後，傷口一直無法止血，卻因長年都沒有進教堂，所以在教義上，必須先經過告解的階段，才能讓神父幫他傅油。玉蟬勸告他辦個簡單的告解，這樣就可以領聖體，但他仍然不為所動。

志工們不太能理解，不斷請他辦告解，好能盡快領受傅油，以免傷口持續惡化。後來得知，因為病房是雙人房，他不希望別人知道他的情況，因此不方便辦告解。

67　教會賦予司鐸（神父）的職權，代表天主賜予祝福與赦罪。

經過一段時間，他才告訴志工們，他無法辨告解的真正原因是他的婚姻狀態是不正當的，他覺得自己一直活在罪惡當中，他沒有辦法再進入教會。

他同意玉蟬把原因告訴我，讓我決定該怎麼做。

我一聽玉蟬的轉告，馬上就說：「沒關係，我來給他傅油！」玉蟬可能有點驚訝，因為一般來說，這是違反教義的。但是在傅油禮中，本來就包含赦罪[68]的恩典。

我進病房為這位病人傅油。剛開始病人還很機械式地接受傅油，可是越到後面，病人就開始流眼淚、開始哭，他領聖體的時候淚流滿面，含著眼淚把聖體送入口中。

他握著我的手，不斷說著：「謝謝！謝謝！」

在一般天主教的觀念裡，正當程序是必須先告解，才能領聖體。但那樣的情況下，我認為是可以打破這層程序的。

我認為一位醫療人員，第一，是要愛病人。

第二，病人的健康是第一優先考量的事情。

第三，沒有任何事物可以取代醫者的良心[69]。雖然社會文化裡可能有其常態行為或既定規範，但當你做對的事時，內心會覺得平安。

在這件事情上，因為我明白在醫院的特殊情況，病人的病情可能因此惡化，所以我不先看他犯了什麼罪，而是在人與神之間做衡量，以設法使病人的靈魂得到平安為第一優先。病人感到平安，天主也會給予祝福的。

用生命陪伴死別

我還記得另一位主日學老師肇玢老師，是公共衛生碩士畢業，也積極投入聖心堂主日學老師的服務。

然而她在四年前檢查出癌症末期。我那時候很盡力希望能給她鼓勵，四年下來，只要她住院，我都會去醫院看她。她也很努力，即使在與癌症病魔對抗，仍然在這段

68 傅油聖事是給予病人靈性上的幫助和安慰，是治療的聖事。這聖事若是爲個人，司鐸會在簡短儀式中施行，如果沒有立即生命危險，次序是懺悔禮、傅油禮，然後領聖體。司鐸也可能會施行使徒赦罪，尤其是有生命危險的病人。資料來源：https://bit.ly/3gFVD8u

69 《我的可愛——天賜甘霖》p.61

期間不斷給予和服務別人。我去探望她時，有時也會用一點對生死的幽默化解她的焦慮。

在二〇一八年的聖誕夜，美妙老師給肇玢老師看了我在耶穌會網站上倒數聖誕節的影片，那時我一百零二歲，扮著招牌的聖誕老公公，拿著鈴鼓唱著聖誕節時在西班牙都會唱的一首民謠——《白冷的鐘聲》。

當時肇玢在病床上看完影片，羨慕地說：「我也好想要賴神父表演給我看喔！」我知道她受病痛折磨已久，能為她做這點小事我很樂意。

於是隔日一大早，我快速打理自己，隨即到醫院向肇玢報佳音。

當時我還因找不到鈴鼓，一大早打電話給我的祕書意玲詢問鈴鼓在哪裡。結果到醫院時，發現我只帶了鈴鼓，卻缺了聖誕帽！怎麼辦呢？肇玢看到我特別趕來，非常感動，頻頻地說沒有關係，但我仍然堅持著在醫院借到一頂聖誕帽！我問遍整層樓的醫護人員，總算借到一頂。

整裝完備，清了清喉嚨，手持著鈴鼓，我在肇玢的病床前面，開始唱起西文版的《白冷的鐘聲》，又歌又舞。

我將自己的全身都當作樂器，敲打著手臂、身體和頭，唱啊跳啊。我知道那段時間，肇玢接受治療，身心都非常的疼痛難熬，看著我費力表演，她再度展露笑顏。一旁的羅明珠老師錄下這段影片，當下的畫面也讓許多醫護人員和陪同老師禁不住地泛淚。

美妙老師說，我是用生命在陪伴身邊每一個人的各個階段，從孩子、學生、年輕人、老師到病人。對我來說，能活到長命百歲，有福氣陪著大家，都是天主給的恩惠。

肇玢老師離世前的最後一段時間，在醫院住了三個多月。我常常去看她。她在二〇一九年的西洋情人節當天病危，我在早上六點多接到病危通知的電話，隨即起身趕往醫院，沒有等其他老師，因為我擔心錯過和她道別的時間。

抵達醫院，我陪伴在肇玢老師的病床邊。在她離開之後，仍在她耳邊輕聲說話，祝福她能在天國安詳地和天主在一起，聽覺是最後消失的感知功能，人去世後的幾分鐘，還是聽得見的。

在死亡的那個時刻，我都希望可以在醫院陪伴我的「家人們」度過最後一段時光；盡力地，用我的話語和陪伴，讓他們感到安心、平靜和祥和。

肇玢的殯葬彌撒，莊嚴素雅，氣氛溫馨，帶點不捨。在致詞階段時，我被邀上台說幾句話。

我緩緩地走上台，拿起麥克風前，先向主日學的肇玢老師的骨灰罈深深一鞠躬。接著一字一字地說出這段話：「謝謝妳，我從來沒有看過一個人可以把自己準備得這麼好來迎接死亡，等待天主來接妳到天堂。妳即使生病，仍然繼續分享喜樂，服務別人，這是我在妳身上學到的，我要向妳學習。」

我說的是真的。

不論我幾歲，看過多少生離和死別，我都會在身邊的人身上學到很多事，而肇玢就是一個很溫暖、很值得尊敬的人。

這幾十年見過太多的病人和遇到太多的情況，很抱歉我真的沒有辦法都一一記得那些細節。謝謝一些寶貝們都幫我記得。

即使我不記得，每一個人也都如我的親人那般，都是重要的家人，不論是修會弟兄、修女，不管是教友或是非教友、病人的親屬或不曾熟識的病人。

對我來說，我是這樣思考的：我每一次都盡可能選擇那個可以帶給他人最大好處的選項。

別人需要什麼？我會這樣問自己。

當一個人有需要我的時候，不論如何，我都會盡力陪伴。

依撒意亞先知[70]說：「仰望上主的，必獲得新力量，必能振翼高飛有如兀鷹，疾馳而不困乏，奔走而不疲倦。」（四十31）

有人引用這段話形容我一直趴趴走，從一個醫院到另外一個醫院，陪伴許許多多的病人，努力做一位醫人醫心的牧者。

但是我感謝天主，是天主給我能長時間奔走而不疲倦的身體和心靈，讓病人需要我時，我能在一旁提供適時的支持。

70　《依撒意亞》（*Book of Isaiah, Liber Isaiae [Isaiah, Isaias]*），按照《瑪索辣經文》、《七十賢士譯本》和《拉丁通行本》，是《舊約》後期先知書的第一部（巴比倫的《塔耳慕得》則將它放在《肋》和《則》之後）。聖路加稱它爲「依撒意亞先知的言論集」（路3：4）。全書六十六章。

8 忠實的朋友，是穩固的保障

外籍會士遠離家鄉來到臺灣奉獻，在臺灣沒有親人，耶穌會團體就是我們的大家庭。我生活在這裡，這裡早已是我的家，我們一起融入修會的群體生活，互相支持與照顧。

方進德院長在受訪時，說我不只和修會弟兄相處和睦，也時常扮演居中協調的和事佬，而且尊重長上，尊重耶穌會的精神，以及每個人所扮演的「角色」，即使我比許多會士都要年長，也會聆聽別人的意見。

這些我都覺得是應該的，很理所當然的。

和神父們

在團體當中，應該沒有人看過我和其他會士吵架。方院長很抬舉我地說，可以在我身上看到那份完全的包容和理解。他說：「我個人覺得是來自耶穌，就像中文說的，近朱者赤，近墨者黑。因為他每天都會花時間和耶穌相處，一百年累積起來，你可以感受到，他和耶穌很親近。」

我很喜歡他的說法，我真的和耶穌相處了一百年了。

我住在震旦中心時，那裡有很多法國神父，只有我是唯一一位西班牙人。我很歡迎會士來，所以許多神父修士都喜歡跑來我那邊過夜，就連其他修會的會士也來交流。後來我搬到耕莘文教院，和大家交流的情況依然熱絡。來自西班牙的穆宏志神父，在我剛到臺灣時，我們一起在新竹的華語學院念中文。穆神父從羅馬修讀聖經回來後，就在輔仁大學和輔仁聖博敏神學院任教。

穆神父平日教書時都住在神學院會院，但每週五或六需要從輔大到耕莘帶領教友團體，只要來到耕莘，他都會到我房裡聊天。

當時我的辦公室裡，都固定放著一包穆神父的行李，哈！雖然我有時會和穆神父開玩笑說，「這禮拜耕莘沒有房間！」但每回我都會幫他預備好。好一段時間，我們養成這樣的習慣——週末晚上九點一刻，穆神父就會到我的房間，我們聊很多事情，即使是同個笑話和故事，我們也一樣喜歡講了再講，每次都還是開心不已。

早些年，神父人數比較多，工作完之後，大家會一起看電視，玩Domino撲克牌，一塊兒聊天。後來一個一個病逝離開或是被派往別處，穆神父和我之間的來往就更密切了起來，他可以說是最了解我的人之一。

穆神父在受訪時說，雖然我們同樣是來自西班牙，但家鄉差了八百多公里遠。穆神父在薩拉戈薩（Zaragoza），我在加利西亞。我們兩個人的性格也截然不同，再加上我們相差二十六歲，來自完全不同的成長背景。我經歷過西班牙內戰和國共內戰，穆神父是下個世代，他來到臺灣時，中國正值文化大革命時期。

我們當然會聊到政治，西班牙的、臺灣的、中國的時事。有時候我倆意見相左，我會表達得比較戲劇化。穆神父就會模仿我，說我有獨特的賴式表達，發出激動的：「ㄐㄧㄚ！ㄐㄧㄚ！ㄐㄧㄚ！」的聲音，還會開玩笑說：「哎呀！我不高興！」

穆神父形容和我的關係是一種「不平等的朋友」。他說：「賴神父是能夠完全接受和包容的人，不只是朋友，也有一點導師的角色，我很喜歡，他非常的鼓勵我，可以給我一些好的忠告。」

我則覺得沒有什麼平等不平等。我也在穆神父身上學到很多事，本來就是互相學習。

一九八一年回到耕莘文教院，我除了會院理家的職務（類似管家，張羅會士生活大小事），也擔任財務主任。

一九九四年，甘國棟神父成為耕莘會院的院長，他同時也是本院的工作主任及光啟出版社社長。

在甘神父眼中，我們一位負責安內，另外一位負責對外工作，六年合作無間地帶領全院推廣各種文教服務。

按照耶穌會的習慣，我們每兩三天會開一次會。這樣可以讓院長和理家保持良好的溝通。甘神父接受訪問時說：「我很感謝賴神父在那六年對我的幫助與支持，讓我在工作時沒有後顧之憂。在角色上他有點像是哥哥，而不是長輩，是信仰上的導師、靈修上的同伴，亦師亦友。和他關係很多元，是天主給我生命裡很重要的禮物。」

有時候碰到挫折，甘神父會和我做內心談話。在某些事上，甘神父說他覺得先談到這裡就結束，我會再多鼓勵一點點，問他可不可以再想一想或往前走一步。

甘神父回顧當時的經驗，「那時是我在修會的第一個正式工作，工作內容又多，讓我覺得剛剛學會站立就立刻要會走，而且是要走長的距離，在人事問題上讓我感覺累與挫折，賴神父經常在這時候鼓勵我、引導我，耳際迴盪的是『你可以！』」

我有這樣嗎？應該有吧。

當時我七、八十歲，除了和甘神父合作溝通很順暢之外，我也很感謝當時的會計祕書古燕玉小姐，因為有她，我們才能撐起耕莘文教院許多後勤大小事務，讓院內的會士都能在各領域專心於他們的工作。

我常會講一個有趣的故事。

掛名理家和財務就是我在耕莘會院內的身分，但我本身又要教書，陪伴青年團體，又要照顧全台耶穌會士的健康，非常奔波忙碌，所以實際上我大致幫忙記個流水帳，許多工作其實都是古小姐在做。

當時古小姐的小兒子年紀還很小，非常天真可愛。有一次，他到辦公室等媽媽下班，在辦公室裡童言無忌地說：「我覺得祕書比老闆還大！」

大家都嚇了一跳，古小姐更驚訝小兒子說出的話，但我覺得很驚喜，好奇他的想法。「因為大部分事情都是祕書在做呀！」連小兒子都看得出來古小姐做了非常多事情。哎呀，我好感動，所以就藉機在她兒子面前好好感謝古小姐的幫忙。

甘神父說我很喜歡講這個故事，我不確定我講了幾遍了，但我要不斷強調，祕書的工作真的非常偉大而且重要。

古小姐從年輕時、到結婚到生小孩，大半時間和我在耕莘文教院一起工作。所以我和她有三十多年很深厚的共事情誼。

她和我之間如親人那般互相支持，當時她並非天主教教友，不過這沒有什麼關係。後來古小姐生病，診斷後發現是乳癌，在醫院動手術移除癌細胞後不久，不幸地轉移到腦部，情況急轉直下，讓我非常心疼。

在離開人世的最後一刻，她接受了領洗，我很欣慰她做了這樣的決定，古小姐在我與杜樂仁神父（Fr. Jacques Duraud, S.J.）的付洗下，成為教友。

我真的很愛很愛她，也很感謝她，到現在對她都是滿懷思念。

另一位我的好弟兄袁國柱神父（Fr. Marcelinus Andréu, S.J.），我都叫他 Lino。他在中國時和我同樣在上海徐家匯神學院目睹上海的淪陷，與我一同在菲律賓完成神學教育並且在學校教導學生。到臺灣後，Lino 在百達山地服務，長期守貧濟窮，服務人群。

然而在一九九八年，Lino 回西班牙畢爾包（Bilbao）返鄉探親時，不幸地走完他的人生旅程。

他逝世的消息傳回臺灣的時候，大家感到相當的震驚與悲痛。耕莘文教院舉行了追思彌撒，以及其後的共融分享。那天，有上百人抵達現場，每個人都滿懷深深的思念與不捨。當時作為主持人的張帆人，接到一張紙條，上面寫著：「會場中的神父也希望講幾句話。」站起來分享的，就是我。

我用宏亮的聲音和激昂的神情說：「Lino（袁神父的西班牙小名）已經得分了，你成功了！我們，是我們還在場子上奔跑、傳球、進攻。我們要加油！加油啊！」

講到「我們」，我一再用雙手搥胸，大聲疾呼「加油！」像在足球場邊的啦啦隊。我們都是這樣，時常用足球場上的團隊精神互相加油打氣，我們同樣都來自西班牙，很容易感受足球場上的鼓舞；那天會場本來低迷的氣氛，也瞬間轉為更積極正向的力量。在Lino逝世後，受惠於Lino的人，成立了「百達我為人人實踐協會」，包括百達學生中心和百達山地服務隊，延續Lino的遺志，服務人群。

另一位耶穌會的好朋友是小丁——丁松青神父。小丁他主要在新竹五峰山區那邊的清泉部落服務。有一段時間他專注在一個花園教堂的翻修計畫上。

二〇〇〇年，小丁發現這座位於山上的廢棄教堂時，它面河的一面牆已經倒塌，很有可能很快會掉進河裡。

對他來說，教堂有如「上主的聖所」，他沒有辦法棄置不管，於是投入大量的勞

71《我的可愛—天賜甘霖》p.148

力與心力，和當地的人一起翻修。小丁花了好長時間，夜以繼日的整修，籌措資金、挖糞池、裝管道系統、修建擋土牆，再蓋好門廊與修理窗戶，幾乎超出他所能負荷的範圍。

直到有一年跨年夜，終於完工了，為了這個教堂，小丁真的是非常拚命。

第二天，新年的一月一日，他在清泉教堂主禮新年彌撒後，走到外頭休息，後來幾名訪客上前，他試著起身迎接，卻驚覺自己完全站不起來。

他的身體在花園教堂的完工後，瞬間崩潰，短短幾天感冒情況加劇，染上肺部併發症。當時他甚至有迎接死亡的準備。

那時我八十多歲，一接到消息，二話不說就趕到清泉部落看他。

到他那裡的時候，小丁試圖要提振精神，但在我面前，還是忍不住淚流滿面。他指著書架上滿滿的藝術書籍，喃喃說著自己是不是一事無成，是不是做得不夠好。

我握住他的手，用近乎嚴厲的神情看著他，高聲地說：「你完成的這些事，捨你其誰？」接著我揮舞著雙手，非常激動地說：「看看你完成的一切美好之事！沒有人可以做到這些。你不是一事無成，你只是太累了，超過負荷、一時崩潰而已！」[72]

說來好笑，即使小丁和我有幾十年的相處，他說他聽懂我中文的比例可能不到百分之五十。哈！但長久以來我用語言之外的生命陪伴修會的弟兄，相信他能感受到。這段插曲，後來也被他記錄在他寫的《從彼山到此山》那本書裡。

除此之外，我也很喜歡參與每個人生命歷程中重要的時刻。所以有特別意義的活動，像是神父晉鐸、修女發願、教友領洗、結婚生子各種典禮儀式等等，我只要能到，一定會參加，也會盡力用各種形式陪伴大家。

可能有些會士或教友們不太能理解，覺得我出席各種場合是把自己看得太重要了。但我只是不希望有人因為沒有看到我而感到難過，這件事是一定要避免，很重要，一定要避免，為了別人的需要，我願意盡我所能。

和修女們

我和耶穌孝女會的修女們，也有非常深厚的淵源和情誼。

72《從彼山到此山》p.216-218

因為耶穌孝女會和耶穌會有著相同的靈修精神，耶穌孝女會的會祖——耶穌瑪利亞甘第達修女也是在年少時期深受依納爵靈修的影響，在創立耶穌孝女會的過程中，接受耶穌會艾朗神父的輔導。

在一九四七年十一月十八日，自西班牙遠赴中國的航班上，除了我們這批耶穌會士，同行的還有耶穌孝女會的修女們。後來由於共產黨來了，我們一群西班牙傳教士不得不遷至安慶教區，巧的是安慶也是耶穌孝女會在中國福傳的起點。延續著從西班牙到中國的情誼，後來來到臺灣[73]時，我們也都保持著良好的互動，成為互相陪伴的家人。

其中一位梅文彬（María Pérez）修女，她當時在臺灣新竹華語學院學習中文，和幾位神職人員，與在新竹少年監獄所的高中生，一起參加五燈獎，唱了幾首西班牙的歌曲，讓許多臺灣人大感驚奇。「對，五個燈，那個五個燈的節目！」梅修女激動地說。

由於我學醫的關係，很多修會的會士生病住院，我常去探訪。耶穌孝女會梅文彬修女曾經說，我和修會的關係很親近，她們在很多方面都感受到我的支持與陪伴，特別是在修會姐妹們面對生病、死亡的時刻。

耶穌孝女會的羅貫中修女（Rosa Cancelo），和我在西班牙是同鄉，我們在中國同甘共苦，之後又在臺灣為福傳打拚。她生病時我常去探望，她離世前一天，我到她們會院，在她的房間裡舉行了一台彌撒。梅修女回憶說，那時大家無不感受到在基督內與祂一起死亡與復活的氛圍。我也對那一台彌撒記憶深刻，小小的卻很溫馨。

還有，在何秀月修女與涂惠瑤修女病危時，我連夜趕去醫院探望她們。

梅修女說，她們生命中許多重要的時刻都有我的陪伴，特別在她們修會共融的時間與重要節日，這讓她們感受到家人般的情感，也保留許多美好的記憶。對我來說，每次能和她們聊天相處，也是我很美好很感動的時刻。

另外，我和胡淑琴修女是在她領洗的禮儀上認識的，她的代母[74]范靜貞修女，帶她來見我。

當時淑琴才大學四年級。她的家庭是很傳統的民間信仰，要皈依耶穌基督相當不

73　耶穌孝女會後來只有一部份的人留在北平。

74　在天主教的傳統裡，不論是成人或兒童入教，每一位候洗者都必須有一位代父或代母。在候洗者甄選日子時，他們會引領自己的代子女，到主禮台前，公開申請入教，並為其代子女的信仰歷程與皈依生活作見證。代父母的選立並非純粹禮儀的要求，代父母更有在信仰路上陪伴和指導候洗者的角色。

容易，她幾乎不能和任何人透露自己信主的事，也因此不太方便參加團體活動。在這段期間，我盡可能地不斷鼓勵她，也委請她幫忙翻譯一本耶穌會會祖依納爵的著作，她為了低調，還用了「滌塵」這個筆名。

三年後她的爸爸過世，給她非常大的打擊。當時她的信仰盪到谷底，連祈禱和彌撒都不太想去。一直到一年後，有一天淑琴在姊姊的鼓勵下，終於半推半就去望彌撒，但根據她的憶述，她仍堅持不要見我，不要辦告解。

後來淑琴說，那一天她到耕莘文教院，看到我正好在門口掃地。淑琴一撞見我，覺得慚愧不已，但是我什麼也沒提，只和她說：「哎呀！我正好要找妳耶，你翻譯的那本書出版了，我要拿二十本給妳！」淑琴有些受寵若驚，也在彌撒中被深深地療癒，因此在彌撒結束後，她跑來找我拿書，並領受和好聖事。

一年後，淑琴就在做完六天避靜之後，決心入耶穌孝女會，成為修女。

淑琴還說我是她的健康顧問，我記得她有貧血的狀況，也會幫她檢查眼珠子，給她維他命，還要教她怎麼正確的吃！兩三年後她的身體也變好了。

她也提到我在講道時，會用講故事的方式不斷鼓勵她，告訴她修道生活裡遇到困難是必然的。她每次來找我辦告解時，我都會抱抱她，和她說：「我愛不愛妳啊！妳們的會主聖甘第達修女[75]更愛妳喔！耶穌更愛妳喔！」

和教友們

我也會以不同的方式，陪伴教友和學生。

在耕莘文教院裡，許多人說我像是爺爺等級的大家長。我確實是年紀最大的！他們說我不是領導型的人物，但我的存在時常讓這個家庭有一種和樂的氣氛。

每個週四晚上，耶穌會弟兄們會聚在一起共融，吃點心，喝飲料，我有時會講講小時候的趣事，哎呀！時而講得激動，手舞足蹈的。

每次耕莘文教院的尾牙，我也喜歡跑上台高歌一曲，「耕莘文教院～～～是我的家園～～～」大家就會跟我一起哼唱。

能帶給大家歡樂，是我最開心的事。

75　耶穌孝女會是聖甘第達修女於一八七一年創立的天主教女修會團體。

大家應該也都知道，我時常看到人就會說，「我的可愛啊！」然後親臉頰兩邊各一下，給他們一個大大的擁抱。

有一次，一位神父的母親來到教堂，坐在輪椅上。

這位神父大概六十歲，但因為他的家庭是傳統民間信仰，他又是小兒子，媽媽很捨不得，覺得他犧牲很多。即使心裡沒有真的反對兒子的決定，還是會覺得他是被騙進耶穌會，每次到耕莘探望兒子時，臉都會有點臭。

那一次，他的母親碰到我。她還沒反應過來，我就很熱情的直接跑上去抱住她：「哎呀！我的妹妹呀！」

那位神父的母親大概也是九十多歲，但仍然比我年輕，當然也是我的妹妹，都是我的小朋友！

她好像被我的舉動搞得有些措手不及，竟然就笑了出來。

這個小插曲是令人難忘的。

一位教友曾說我的存在，就像把冰淇淋融化的暖陽，讓人沐浴在父愛裡——窩心、安定、融洽，讓人感覺到這裡有人真心的在關心你。很開心我能做大家的暖陽，讓人感受到被關心，但冰淇淋不要太快融化比較好！

還記得我有一位學生，她罹患思覺失調，因此沒有完成學業。但她即使在家，都會寫信給我。我也會很認真的回覆，只是我的中文比較有限，就會去找令熹幫忙。

令熹是台北依納爵靈修中心的輔導老師，本身也是一位精通中英文的譯者。我會請她一起看信，問她覺得怎麼回比較好。

我希望可以盡力用我的真心，關心每個人。每次回信給這個學生，我都會把想表達的內容和令熹一來一往地確認之後再寄出去。令熹說，她看到我每一封信都是這樣的認真，並且在必要的時候也都會直接去那個學生家裡探訪，關心她的近況，她覺得很感動。其實，我才要特別謝謝令熹的耐心，和對這個女生的關懷。

令熹也提到，在一次耶穌會年度的避靜，她和神父、修士一起到彰化靜山靈修中心。因為避靜過程需要完全靜默，令熹又因為吃飯的速度比較慢，幾乎每次都是最後一個離開飯堂的人。有一天午飯時間，我走到她的旁邊坐下來，慢慢地吃，吃到一個一個人離開後，只剩下我們兩個人，我才倒數第二個走。令熹說她很清楚地記得這件事，那是一種無聲而體貼的陪伴。我聽她這麼一說，好像也有印象。

你不要問我最好的朋友是誰，沒有誰是最好的朋友，雖然身旁的人可能都會提起我和沈起元神父（Fr. Fernando Mateos, S.J.）的交情。

因為我們同樣都來自西班牙，也都很長壽，沈神父也活到九十幾歲，我們會向彼此辦告解，很多事情都是一起完成，有些事不能跟別人說，但能夠跟他說。他是犧牲自己為你到底的人，他就是《聖經》上說的——穩固的保障。我這樣形容自己和他的關係。

有些身邊的人也都會提到我和穆宏志神父的友誼，一樣來自西班牙的我們，雖然年齡有不少的差距，他是在西班牙內戰結束後才出生的，但我們也很常一起聊天、互相陪伴，或是彼此鬥嘴，確實也是好幾十年了。

但我從來都不會說，也不喜歡說，誰是最好的朋友。大家都是我的寶貝，我的可愛，身邊的人對我來說，都是如家人般重要的存在。

我的弟弟妹妹們，我想說的是，尋得真摯的朋友，就是尋得穩固的保障。

每個人一生，都要有朋友相伴。這很重要！給我點時間，讓我找出《聖經》上的那一段話，我希望向每個人傳遞這件人生很重要的事。

沒錯，就是《聖經》〈德訓篇〉第六章第十四節：「忠實的朋友，是穩固的保障，誰尋得了他，就是尋得了保障。」

在朋友有需要我的時候，我都會盡可能地陪伴，給予他們全部的愛。

德蕾莎修女說的故事

二〇〇三年嚴重急性呼吸道症候群SARS疫情肆虐，全國進入戒備狀態。

當時和平醫院封院，七名醫護人員也因此殉職，在臺灣共有三百四十六名確診病例，造成七十三人死亡；而在全球，則是有八千多名病例，超過七百多人離世。

當時的衛生署署長，也是現在剛卸下第十四任中華民國副總統職務的中研院院士陳建仁，必須緊繃神經站在第一線，每天依照疫情的勢態，做出判斷，帶領臺灣度過艱難的疫情危機。

面對非常龐雜嚴峻的工作，當時他的壓力非常大。每天一大早六點起床，先看世界衛生組織彙整的最新內容，因為臺灣不是會員國，他必須親自到網站上了解資訊，接著七點再開防疫會議，當時每天都是忙到十二點才有可能稍事休息。

陳建仁院士的一家都是虔誠的天主教徒。在我眼中，他也是我的寶貝。他們全家人都是。

他說我就像是他們的爸爸與爺爺那樣，也確實他們家庭成員的重要大事，大多都有我的參與。起初相識是和他的大女兒怡如。怡如在學生時期，因為和台大光啟社的朋友很熟絡，也與我熟了起來。後來她因為在耕莘醫院的安寧病房工作，和我變得越來越親近。

怡如在英國讀書時，我們會通信，她有一段時間特別低潮，我就寫信鼓勵她。後來才從她的家人那知道，原來他們也不完全清楚怡如當時的真實情況，只知道還好有我當她精神上的支柱。陪她走過那段低谷。怡如結婚時，我很榮幸能參與她的重要時刻，在她婚禮上成為唯一神職人員的座上賓。後來不論是建仁兩個女兒的婚禮還是生子，或是任何遇到難關的時候，他們都說我像他們爸爸那樣，陪伴著他們。

所以到SARS那段時間，我可以感受到建仁的壓力是非常大的，加上我本身是醫師，理解傳染病的情況，也曉得對建仁來說，最大的挑戰其實是精神的壓力。

我們很少會直接聊政治方面的事情，但我喜歡講故事，我會用故事的方式讓人去理解許多道理。那段時間，每次碰到建仁，我都會在他的額頭上畫一個十字聖號，為他降福，給他安定和平安的心。

我也告訴他們夫婦，要做長長的祈禱，天主就會保佑你。所以那時即使建仁每天再忙碌，都非常熱切地祈禱。聽說他和他的夫人鳳蘋起床後，都先念四十到五十分鐘的禱文——聖畢哲（St. Bridget）禱文[76]，晚上回到家再一起念完玫瑰經，才洗漱就寢。

在SARS的關鍵期間，我也用德蕾莎修女來台訪問時和我分享的故事鼓勵他。這故事我說了很多遍，但每說一次，我都還是備受感動。

一九八五年一月，德蕾莎修女來台訪問。她在台北汐止增設「瑪利亞恩賜之家」，

---

76 瑞典籍的聖女畢哲（St. Bridget）一直渴望知道，主耶穌在苦難中，爲我們承受了多少創傷。有一天，在羅馬聖保祿大殿內，耶穌在十字架上顯現給她說：「我的身體受到五四八〇個傷害，如果你想爲它們作補贖，妳就在一年裡，每天誦念十五遍天主經、十五遍聖母經、及十五篇祈禱文。當一年屆滿，妳就彌補了我的每個傷痛。」隨後，耶穌親口教導聖女這十五篇祈禱文。一八六二年五月三十一日，教宗庇護九世，正式批准這些經文。同時表示，它們對人靈確有幫助。雖然這些經文應每天誦念，但如有重大原因而缺念一天時，也不會失去特恩，但必須在一年內，念足五四八〇遍經文。https://bit.ly/2YKpkiM

並會見當時的蔣經國總統。德蕾莎修女照顧很多貧苦的病人，因為我具有醫師的背景，便隨行陪德蕾莎修女到中山堂。

當時德蕾莎修女和我講了一個故事，至今我都不斷用這個故事勉勵身旁的人。

德蕾莎修女告訴我，當她人在英國倫敦時，在路上遇到一名年邁的街友。他向她討錢，德雷莎修女就蹲下來，握住那位街友的手，和他說：「很抱歉我沒有帶錢，沒辦法給你物質上的幫忙，但希望天主降福你，讓你平安喜樂。」並給他一個擁抱。

結果那位街友瞬間大哭了起來，他說：「這輩子從來沒有人這樣對待我、尊重我。」

每次講這個行乞者與德雷莎修女的故事，我自己都會流眼淚。建仁也說他至今仍記得故事的細節。

我不斷講這個故事，想強調的是，你不需要錢來展現你的愛。對於那位老人來說，一個人經過身旁，第一次握住他的手，就是愛。對，我們可以做好多好多事，簡單的事，一個微笑，一個擁抱，一次握手，一個善意的表達，有愛，就充滿意義。

大家以為他在乞求錢，不！他在乞求愛。

愛，不需要錢。只有給錢，也不是愛。

在當時和德蕾莎修女道別時，她說她沒有什麼禮物給我，然後在一張印有我名字的文件上，寫上「天主保佑你（God bless you），德蕾莎」送給我。我撕下這一小角，把它小心翼翼保存在我的皮夾裡，一直放到現在。三十幾年了，已經都皺皺的了，但總是提醒著我她說的這個故事。這也體現了德蕾莎修女表達愛的方式，不需要實質的禮物，一份祝福，就是多麼的可貴。

在古亭耶穌聖心堂，有時會出現陌生人，就在聖心堂默默哭了起來。我碰到這種情況，就會直接向前，抱住正在哭泣的陌生人。

另外有一位失業的街友，時常在聖堂裡停留很久，甚至會在耕莘文教院走來走去，很多教友感到不太安全，向神父反應希望能勸他離開。我知道之後，其實有些難過。對我來說，教堂應該是弱小弟兄姊妹的庇護所，是個更包容與接納的地方。因此我試著和教友溝通討論，欣慰的是，最後那位先生就留在教堂裡，得享心靈上的喘息。

德蕾莎修女到臺灣的時候，一針見血地在演講中說道：「臺灣的社會，物質富裕，精神卻是貧窮的。」她說：「物質的貧窮容易解決，而心靈上的貧乏、寂寞，卻是今日多數人的問題。臺灣可能沒有缺乏麵包的飢餓，但一定有愛的飢餓，缺少天主愛的話語的飢餓。」77

這是真的，如果我們缺少愛，一個國家會變成冷漠的國家，變成愛心缺乏的國家。

建仁在受訪時，也有提到他所領悟的。

他說，「其實賴神父要告訴我的事很簡單。就是去愛每個人，尤其是最弱小的弟兄姊妹，不要想等到有很大的能力才幫助人。任何時間都可以幫助人，讓他覺得受尊重，覺得被珍惜，覺得和我是一樣的人。」

在SARS期間，在仁濟醫院有街友被感染，建仁因此要求團隊針對弱勢團體特別照顧。那段非常時期，雖然在立法院時常被罵得很慘，建仁說他會摸摸口袋裡夫人給的十字架鑰匙鍊，不斷地祈禱，讓自己能平靜有智慧的做判斷。他也盡力地去愛每個病人，努力不要讓病人被污名化。

在建仁決定出來參與二〇一六大選時，我和他說了另一個故事。

我說，我這輩子很感謝天主，我在東帝汶的時候，教過兩個很好的學生，一個當了總統，一個做了主教，兩個後來都得了諾貝爾獎——政治人物要追求的，是要讓人民能生活在自由民主而且美好的社會中。

「神父想強調的是政治是眾人的事——你的用心是什麼，如果是為了眾人的好，你應該要去投入。」建仁在接受採訪的時候提到他的領會。

教宗方濟各曾說過：「真正的權力就是服務。」一個好的領袖，應該像是一個好的牧羊人，一個好的牧羊人，要充滿羊群的氣息，要和民眾在一起，去體會你的民眾需要什麼。建仁說他一直記得這段話。

也因此，本來全心專注在學術界的他，在天主的安排下，當選了中華民國副總統。然而天主對他真正的考驗才正要開始。不論是年金改革還是廢死議題，社會上各方意見都吵得沸沸揚揚，爭論不休。加上同性婚姻的議題，更是和教會起了很多的誤解和衝突。甚至讓本來相敬如賓的陳建仁夫婦，因意見不合開始吵架。

「我常常問老婆說，為什麼我那麼倒霉，天主要我當副總統，當了副總統還要跟妳吵架。」建仁在受訪時有點孩子氣的嘟著嘴說。

---

77 https://bit.ly/3lt3s5d

當時許多人都知道，建仁真的可謂千夫所指，幾乎百分之九十五的教友都反對，很不理解信仰天主教的他，怎麼會這麼做。

他說：「有些人會很委婉的勸我，有些真的罵得很難聽。但我們希望保障的是相愛且想要從一而終廝守的同性伴侶，他們能夠在人權上得到該有的保障。所以我就是一直祈禱，我說，天主，如果祢覺得這是對的，祢成全我，如果做得不對，那是我的罪責，就應該怪我。」

不久之後，大法官釋憲——因憲法保障人民婚姻自由及人民平等權，因此民法沒能使相同性別二人，得為經營共同生活之目的，成立具有親密性及排他性之永久結合關係，實屬違憲。他總算鬆了一口氣，但仗還沒打完。

建仁仍然持續收到很多神父和教友的「關切」。他說他甚至擔心見到我呢！那段時間對建仁來說非常煎熬。但他說我一看到他，馬上走上前，給他親親抱抱，為他降福。

我不記得我究竟說了什麼，建仁記得我只說：「很好，很好，我知道，很好！」他就是我的寶貝，我能給的就是完全的支持、鼓勵、祝福和體諒，也很能夠理解他的苦衷。

在那段難熬的時期，我送給他一張小卡片——一張關於腳印的故事。

故事是這樣的。

有人和天主說，「天主，祢答應我在我最艱難的時候，都一定要跟我走在一起。」平常他走在平坦大道時，都是兩雙腳印。但當他在最艱難的時候，卻只看到一雙腳印。「天主祢在哪裡呀？」他痛苦地吶喊。

結果，等他仔細看那一雙腳印的時候，發現那是深陷的腳印。

原來，在最艱難的時候，是天主抱著他，耶穌揹著他，走過那條最艱難的道路。

我當時沒有特別說什麼，只是在那段時間，笑咪咪地送給他這個小卡片。他收到那張小卡片，感到一份安定的力量。

當時是他第一次這麼深刻地感覺到，天主是把他抱在懷裡一步步走過來，陪伴他度過那段極其艱難的時刻。即使他之前就知道這個故事，但沒有親身經歷那種艱苦，真的不能明白。

我其實不太會公開談論政治，和建仁也不會聊太多細節。

我們就是說說故事，聊聊天，其實他可能也沒有完全理解我的中文，有時候聊一聊，我們改說英文還比較好懂。

我不公開談論是有原因的。

即使我經歷過臺灣關鍵的民主發展時期，從戒嚴一直到解嚴，到現在社會開始對於各種人權議題的重視，我覺得有些界線仍然是重要的。

對我來說，會讓人不舒服的，我都不會去做。

我也不是土生土長的臺灣人，沒有資格由我去評論政治。如果我說任何話，會有人受傷，我就不會說。

這是我對於討論敏感議題的態度，並不是對政治冷漠，而是我習慣就是先想著別人。

但這並不減少我對事物的關心和好奇，所以我就用我喜歡的說故事方式，和身旁的人分享我的經驗和領悟。

Part Four

回顧與面對

9　西班牙的源頭

「意玲，妳可以幫我帶一兩套衣服就好了嗎？」

二〇一七年，意玲在幫我整理回西班牙領獎的行李。這是加利西亞當地政府決定頒給我的獎項。這次回西班牙，剛好是我滿一百歲，也受邀當地教區傳教節活動及參加法蒂瑪聖母一百週年[78]的紀念慶典，會待上兩個月。

一百歲重回故鄉

「你去兩個月，一兩套衣服怎麼夠？」意玲感到非常困惑。

「夠啦！夠啦！」

意玲還是很不解，幫我多塞了幾套衣服。接著她又問我，「那要準備幾片你個人的紀錄片光碟，給你的親戚呀？」

「不用每個人都給，不然可能會有兩百多人吧！」

「什麼？兩百多人？」意玲以為我在開玩笑。

結果當天家族聚會，真的不誇張，即使和我同輩的兄弟姊妹只剩下我一人，可能因為我一直和下一代的親戚們保持良好的關係，大合照裡，整整有兩百多人，哈！這裡面都是我的家族親戚喔，而不是堂區教友喔！我其實很多都不認識啦！照片上滿滿的人，我沒有幾個叫得出名字。

那一年從西班牙回來後，行李滿滿的，還多了一個小行李箱。

意玲看了很吃驚，打開行李一看，好多新衣服——一整套一整套。

我就跟她說，早說了不用帶太多衣物吧！我的姪女已為我預備好在西班牙需要的一切！

78　https://bit.ly/3ju4ood

讓她更驚訝的是，我家人送給我的每一件衣服上面，都縫上我的西文名字 Rábago 縮寫，因為他們知道我住的團體會士多，有時候，洗衣服的員工要分辨比較辛苦，所以每件衣服都親自縫上。

除了衣服之外，我的家人還準備了一些小禮物，送給臺灣的教友朋友。

意玲接受訪問的時候提到這件小事很有意思。

她說：「我沒想到賴神父的家人連這些小細節都注意到。很多老神父長期在異地福傳，當有機會回到自己家鄉，很多已經和他們後生晚輩沒有太多情感聯繫，但神父年紀這麼大，卻還很能跟他的親戚們保持有愛的關係，真的很難得。」

意玲說她深深感受到我的家庭裡那份寬廣的愛，還說即使我現在回到西班牙，也能受到很好的照顧，但很感謝我仍願意待在臺灣繼續服務。

雖然可以理解她為什麼這麼想，但我大半輩子活在臺灣，這裡已經是我的家，我要全意地好好愛這裡的人。我在西班牙有很棒的家人，在臺灣也一樣。我也在這裡有很多的家人。

關於回家鄉，自從耶穌會對於神職人員返家探親的限制慢慢放寬後，我在一九六六年就第一次返回西班牙。之後也陸續多次回去，與家人團聚，或是這幾年接受頒獎等儀式。一九八九年，我回到聖地牙哥參加第四屆天主教世界青年大會，接受教宗若望保祿二世給予的祝福。二〇〇二年，也在西班牙慶祝晉鐸金慶。活過百歲，我仍和家人保持很密切的關係。

我平常會和在西班牙的家人通信，比較常聯繫的是大哥和小妹的孩子，我的姪子姪女，他們有時會寄信給我，關心我的近況，也和我分享在西班牙生發生的事情，我會認真的用「單指神功」緩慢的敲打電腦鍵盤回信給他們。

從手寫信到電腦時代，雖然年紀大反應不快，我仍然很願意學習新事物，一鍵一鍵慢慢敲，所以意玲說這點很難得。

我的家人也多次到臺灣拜訪。

多年前她們組團來臺時，第一屆北商光啟社的老學生們，希望盡地主之誼招待我們去日月潭渡假遊玩。但是我的家人都很客氣，婉拒邀請。因為她們主要是希望在臺灣的期間，讓我們有多一些時間陪伴彼此。

當時我九十九歲，我體力還不錯喔！

我親自帶她們去貓空、龍山寺、孔廟等地。她們很喜歡廟宇，對臺灣的文化很有感覺。她們也跟隨我，去哪裡大部分都是一起搭巴士或是捷運，我們會在耕莘文教院門口會合後，再一起出發。

我也邀她們來到會院和我的臺灣家人——耶穌會會士們一起用餐，希望她們能多了解我在此地的生活。離台的前夕，按我的習慣會為她們做家庭彌撒。

獨特生命力的來源

甘國棟神父是少數在西班牙見過我家人的耶穌會神父。

二〇一八年，甘神父申請安息年，計劃到西班牙走一趟聖雅各之路（Camino de Santiago），後來他才知道，原來聖雅各之路的終點，就是我的老家。我得知這件事後，便馬上介紹甘神父給我在加利西亞的家人，和安排他在當地耶穌會團體的住宿。

甘國棟神父在接受採訪的時候，提到一次，和我差點起了衝突，甚至當下覺得我有些頑固和不聽勸。

那是一位病友開刀的事。他手術後被送回病房。當天晚餐後，甘神父看我很執意要去看那位病人，就勸我說：「已經這麼晚了，你明天再去看他吧！」

「不，我現在要去。」

「賴神父，你現在去看他，對別人也是個打擾，因為他才剛剛從觀察室出來。」

甘神父說，那是他第一次看到我對他近乎大吼地說：「我就是現在要去看他！」

我想我當時是真的非常激動，甘神父有點被嚇到，做出半投降的姿勢：「好，您去，您去。」

我便立即趕去醫院。

甘神父說他不太能理解是什麼讓我覺得，在那個時刻——我的出現和我的存在——為何要那麼急迫地幫助這個病人。直到回到我的老家一趟，他才終於明白。

一下飛機，他馬上感受到加利西亞那裡的人的和善溫暖，即使語言不通，每個人也能用肢體語言表達關切和實際的幫忙。

接待甘神父的當地神父，也把他當作家人，盡可能的幫忙他。

徒步朝聖之旅到達聖雅各後，甘神父需要洗衣服，便詢問接待他的神父如何使用洗衣機。那位神父做了手勢說：「你不能用這台洗衣機。」另一位韓國神父在一旁解釋，由於前一位使用洗衣機的人不會操作，把洗衣機給弄壞了。

甘神父聽了有點挫折。但接下來，這位神父接過他的髒衣服說：「我幫你洗，明天你只要記得來這個曬衣場，把你乾淨的衣服收回去就好了。」

這個「Camino」的經驗，讓甘神父對耶穌會士的「家庭的認同」有更深的認識。耶穌會在全球有一萬六千多位耶穌會會士，互稱彼此為弟兄，當弟兄們進到任何一棟會士的「房子」，大家都會把你當作是家人一般對待。

有一天晚上，甘神父和我的外甥女和姪子約好，與他們的家庭一起用餐。大約七、八個人聚在一起，在一間我們當地人很愛去的餐廳，氣氛簡單溫馨，即使語言不太通，但因為「我」成為話題的連結，他們彼此也分享了很多故事。

甘神父說我的家人也帶有我的那份歡樂的性格，整個晚餐吃下來沒有冷場。特別讓甘神父感動的是，那一晚，我的家人到他住的地方接他去餐廳，結束後，也全程陪著他，邊聊邊走回住處。

「在那個時候，我們好像變成家人一樣。在參與賴神父的家庭活動中，我覺得家族的向心力及團結性是很強的。雖然只是吃一餐飯，花費的時間也只有一個多鐘頭，可是我覺得很棒的經驗是——在路上。」甘神父在受訪時描述那次的特別感受。

甘神父說，因為我的家鄉和家人，也因為他走過我成長的土地，回過頭來看，他就特別感受到在那裡長大的人有一股獨特的生命力，那份與人的連結是很不一樣的，也更了解我帶給人的愛，那背後的特質是什麼。雖然這個答案經過了二十幾年又轉了好幾個彎才得到，但更顯得有價值。

甘神父形容聖雅各朝聖地的特質——Compostela——拉丁文意思是繁星之地，現在是一個匯集東西南北各地人潮的地方。每一條路徑是朝向核心，但是朝聖的終點是回到自己，生命裡面最真誠、最美和最神聖的那一塊。走完聖雅各朝聖之路的人都知道，重點不是走完一段非常有挑戰的旅程，而是這段旅程匯集許多經驗，帶給自己更真實的信仰，成為下一段生命之路的指標。

10 面對死亡

在我高齡時期，會長指派陳有海神父輔佐我從事健康守護員的工作，他時常開車載我到醫院探訪病人或參加教會內的各項活動，也因這個職務，他努力涉略了許多醫療健康資訊。

記得那是個忙碌的一天！早上我們許多來自不同修會的神父、教友一同參加台北總教區慶祝司鐸日的彌撒，回到耕莘不久，便是我領受臺灣身分證的記者會。雖然時間有些緊湊，但我不想失掉任何參與教會盛大活動的機會。記者會中台北市政府的籌備人員很用心的安排了我喜歡吃的西班牙甜食——吉拿棒和布丁，我心情大好。

會後，陳神父因計劃復活節到高雄四維文教院協助逾越節三日慶典禮儀，便徵詢我去一趟醫院探訪病人，以盡責的完成探訪病人的工作。一直到下午四點多，瘋狂的一天，我終於可以躺在床上準備休息。因為記者會後，台北市政府的人員打電話給意玲，希望找尋遺失的西班牙甜點盤，那是餐廳老闆特別從西班牙購置的。有人說看到陳神父把沒吃完的甜點拿進會院，意玲和總務先生四處尋找。總務蘇先生在花園走廊看到陳神父房間燈是亮的，意外地還沒出發去高雄。沒想到一進到陳神父房間，卻發現他倒臥在地上，一動也不動。總務緊急的找了理家和我一同到他房間，當時他人已失去意識，失去心跳。等待救護車的到來，我和一行人將陳神父送去台大急診室。

死亡並非終點

約莫傍晚，醫院宣判陳神父倏然心肌梗塞而離開人世。

當時的台大志工玉蟬趕緊打電話給我。電話中，我的口氣非常平靜，但是玉蟬聽得出來和平常的我不太一樣。

那時，我其實已經在處理陳神父的大體和申請死亡證明等文件。

事後，玉蟬與我再見面時，我就笑著說，「我要感謝我的大老闆——天主，還好陳神父沒有在當天開車載我時心臟病發作。如果是這樣，那麼今天離開的會是兩位神父——包括我！」

玉蟬和我去到放置陳神父的遺體處，她說當時的我很平靜，而且還帶點幽默的口吻說：「陳神父，我欠你一根吉拿棒和一杯咖啡喔！到時候再拿給你，我們天堂見。」我後來寫了一封公開信[79]給陳神父，我很感謝他和我一起照顧耶穌會的弟兄，以及探訪許多病人。陳神父也在我第一次準備回中國時，把我的行程手續都安排得很妥當，我非常感謝他。

面對死亡，我認為是一個必經的過程，而非一個終點。順著天主的安排，每個人早晚都會再相遇的。但要談論死亡，甚至教導死亡，從來都不是一件容易的事情。

儘管我是醫生背景出生，在台大的醫學院、教堂的慕道班、還是其他學校的人生哲學課都與幾百位學生討論死亡，也在醫院看過無數次的病人離世，我還是不知道什麼是最好的面對死亡的方式。我也不知道，當死亡將降臨到我身上時，我會如何反應。

有一次，胡淑琴修女邀我去給慕道班上一堂課，主題是「談死亡」。

淑琴認為我上醫學倫理這麼多年，講個二十分鐘應該是易如反掌。我當然是點頭答應了。但我開始非常認真的備課，也把我的講義給她看，請她協助我把一字一句翻成中文，並一一核對。

等到要講的那一天，我和胡修女說：「先讓我去祈禱一下。」

我到聖堂裡，先和天主講話。

我跟天主說：「哎呀！天主，我不知道要怎麼講啊？等一下我上課，祢要保佑我，讓別人可以聽得懂我說的話。」

淑琴在一旁，看著這一位老神父為了這件事祈禱這麼久，覺得很奇怪。但對我來說，即使是可能已經很熟悉的內容，我也會不信任自己，祈求天主跟我一起工作，並請天主寬恕我有意無意犯的錯和對別人的傷害。那次課程，我最後上了快五十分鐘！

關於死亡，我其實不斷在強調的第一件事情是，我們要正視死亡的各種問題，不能因為忌諱談論，就不面對它。

有一次一位古亭耶穌聖心堂主日學的老師，他二十來歲的兒子，因為騎車車禍，撞到頭部，左右腦都有出血的跡象，情況非常緊急需要動手術。

---

79 https://amdgchinese.pixnet.net/blog/post/400637477

當時我一知道便趕到醫院，陪著那位老師等待她的兒子開刀結束。手術結束後，醫生出來和家人報告情況，我也衝到醫生面前說：「我是醫生，我也要進去聽。」

幾分鐘後，我從醫生的辦公室走出來，看著那位母親，心疼地緊緊抱住她，並語重心長地和她說：「讓他安靜地離開吧！越快越好。」

三天後，她的兒子離開了。這三天我每天到醫院探望他們。最後一天晚上，我堅持要在醫院陪著。

在她兒子離開前的最後一晚，我摸摸那孩子的頭，對他說：「你安心地走吧！你的爸爸媽媽由我來照顧。」說完後，眼淚從孩子的眼角流出，隔日便離開人世。

對許多人來說，這都是很難啟齒的話。但我很清楚明白，真誠地告訴家人真實狀況，才是善待和愛他們的方式。對於瀕死的病人，我認為除了特殊情況外，要把實情告訴他的家人與病人。要考慮的是何時以及如何告訴他們，而不是隱瞞[80]。

和那位老師坦白說出實情，對她無疑是個很重大的打擊，她的兒子當時才二十八歲，老公又有早年失智。但我聽完醫生的話後，我知道，即使救活這位孩子，他也會成為植物人，不如讓他早點安息，回到天主的懷抱。

在討論兩難的道德問題時，我心中有一把對於真正醫生的尺，也就是要讓已經瀕死的病人，好好的走。

對，這是一個很兩難的道德問題，我承認。但不要去強迫醫生做他覺得不該做的事情。在醫院，即使我本身也是醫生，我也都尊重醫生的專業，他們用愛和專業，和家人溝通實情，並且把重點放在如何讓親友是帶著安詳的心情離開。

曾與我合作超過三十年的葉炳強醫師在受訪時回憶說：「賴神父平常很熱情，但在這方面很謹守分際和倫理。他是一位很合作的家屬，不會去挑戰醫生和護理人員，病人有時候到了疾病末期，他就會按照倫理上該做的事情去做，該怎樣的安寧療護，都會去遵守。」

「他年輕時教醫學倫理，可是他現在是把那個道理活出來。」炳強這麼形容我。

我這麼大把年紀，可能我中文不好，因此要說得清楚也很不容易，所以身體力行

80《我的可愛——天賜甘霖》p.62

是最直接的方式。

炳強曾經提到在我身上學到全人、全心照顧的精神[81]。這麼說吧。我希望不要再讓病人承受更多的苦痛，所以我會盡量依照我醫療倫理的專業，告知親友這個疾病本身所需要經歷的病程，以及如何依照安寧的原則安排。

我在修會裡，是神職人員與醫界的橋樑。尤其許多神職人員在病危時期，並沒有血緣上的親人能立即陪在身邊，我就很自然地成了他們的家屬，陪伴許多神職人員離開，看生命裡的生老病死，就如經春夏秋冬那般。炳強形容，「賴神父讓我們理解到，自然去理解每個生命的長度，對於生命歷程的了然。」

對我來說，另一個重要但同樣很困難的部分，是如何在一個人死亡的那一刻，陪伴正在離開的這個人。

你要在他的身邊，讓他感受到，你正與他或是她在一起。

對我來說，我會不斷地為這個人祈禱，我會讓他和她知道，他們並不孤單。我時常在醫院與醫院之間奔波，可能不只是陪伴著病人復原康復，很多時刻，是陪他們走那段邁向死亡的路，陪他們面對自己的心。

所以我的建議總是，要用心地陪伴正在面對死亡的人，要告訴他，不要怕，我在這，我正為你祈禱。

每回，在醫院宣告死亡時間幾點幾分之後，我都仍然會倚在病床旁，握著病人的手，在病人耳邊祈禱。因為我相信，他們都還是聽得見。而那段剛死亡的時刻，走向天堂的路，有人陪伴是很重要的。

「你一定要說點什麼！」

我曾經陪伴很多人離世，也陪伴哀痛的家屬面對這艱難的歷程，這是天主給我的使命吧！當我走到這個年歲，已經眼見許多比我年紀小的弟弟妹妹們離開。而這回，蒙主恩召的，是我摯愛的弟弟——傑瑞，丁松筠神父。

我記得，那是二〇一七年端午節隔日，一個炎熱難耐的星期三上午，傑瑞在房中被發現，彷彿是在睡前祈禱中驟然離世，身體靠著床邊，雙膝跪地。我第一時間接到

81 http://reurl.cc/A8kX58

消息，和院長趕往光啟會院。

他的弟弟小丁——丁松青神父，因為從清泉部落趕來，比我們晚一些，他們兄弟情深，這消息肯定讓他心碎。他一到，就上前緊緊抱住我。他們兄弟倆都是我很重要的人，在這難捱的時刻，我很欣慰能夠陪在他們身邊。

幾個月前，傑瑞因為心絞痛不舒服，檢查之後，發現動脈嚴重鈣化。我和小丁被醫生找進手術室旁的小房間，他們告知手術的風險頗高，詢問我們是否仍然希望動手術。我們和大丁神父討論，最後決定按照天主的旨意而行，動手術，並做好面對死亡的準備。

進手術室前，傑瑞說：「如果手術失敗，請告訴大家『我愛你們。』」

手術成功了，傑瑞的狀態也開始好轉，並啟程完成原本的計畫——到內蒙古去拍攝紀錄片。然而就在回國後沒多久，他在自己的房裡靜靜地離開了。

過世的隔天就是他獲頒臺灣公民身分的日子，我們原都預備好要前去慶祝。這驟然而至的打擊，讓大家備感哀傷。

公民身分的授證儀式仍然如期舉行。但本是眾人歡慶的典禮，卻成了授證暨追思會，小丁被指派上台代替哥哥領取這榮耀。

那天早上授證典禮前，我與小丁在會前坐在光啟社的客廳裡，回憶起那時他哥哥在醫院開刀的情況。小丁還處於極度哀傷的情緒中，覺得自己沒有辦法上台開口致詞，在一旁的我便有點嚴厲地看著他：

「你一定要說點什麼！你代表傑瑞，你的大哥！只要告訴大家，傑瑞要動心臟手術之前跟你說了什麼話。」[82]

那一段對話，可能多少讓小丁有勇氣最後站上台，在鎂光燈下，面對許多政府官員代表、耶穌會的弟兄、教友朋友等眾人哀戚不捨的目光，他強忍著淚水，重複哥哥在手術前叮嚀我們的話——萬一他離開了，他希望告訴大家，「我愛你們！」

「我們真的會在天堂相遇嗎？」一位年輕人問我。

這位年輕人，在網路上看到我的影片，覺得我很親和可愛，希望能夠來拜訪我。

82 《從彼山到此山》p.252-256

他來的時候，提到祖父最近過世的事情，眼淚就開始不停地掉下來。

他從小就和爺爺非常親近。爺爺過世之後，因為他是佛教信仰，所以是依照佛教的程序來辦理後事。

他邊哭邊說，他希望接受天主教領洗，成為教友。但是如果他的爺爺不在基督徒說的天堂的話，他怎麼辦，他是不是就不能夠跟相愛的人在天堂見面？

當下我有些驚訝，因為在基督世界裡，相信死亡這件事情只是在天堂的先來後到。重點不是在死亡，而是死亡之後，要怎麼過那「之後的生命」。但有些信仰裡，並沒有那死後的世界。

因此我微笑地回答他：「其實天主比我們想像的都還要大喔！所以有很多也許我們現在不能理解的事情，在天主的眼裡都是有可能的。我們人類如此有限，怎麼能夠跪求自己懂得無限的天主？何況我們所知道的一切也不一定是正確的。」

即使沒有直接地表達，但我想傳達的是，他那份對於祖父的愛，天主會有安排。

隨時迎接死亡的到來

彰化靜山靈修中心，是專門提供給人們避靜的地方，那裡也是耶穌會會士過世後安葬的墓園。

每年我們依照修會規定自行安排八天避靜，每兩年會在彰化靜山舉辦省避靜，會士大多會一起出席，我們會一起到靜山那裡練習靜默、祈禱與反思。

近年的一次避靜，我內心想著的是關於死亡與生命。那天午後的陽光輕輕灑落，飯後我緩緩地獨自走到墓園，想到許多年前，一些主教在提到死亡時，都提到他們第一次到墓園去感受死亡的經驗，因此我決定也踏上我的第一次。

抵達墓園，四下無人，只有我一個人。於是，在墓碑與墓碑之間，我找了一塊地，靜靜地躺了下來。

我闔上了眼睛，靜靜地感受死亡，並為死亡祈禱。

當時的感覺，非常非常地平靜祥和。從躺下那一刻起，對，從那一瞬間一直到現在，我感受到關於死亡，就是內心的平靜。

當時躺在墓園裡，想著死亡，我真正害怕的不是死亡本身，我當時害怕的是，如果有人經過墓園，看到一個活人躺在墓碑旁，可能會嚇壞，哈！

唉呀，我一個人活過一百歲之後，隨時都在等著迎接死亡的到來。早幾年，我就已經在床頭先放好傅油用的油膏。我告訴意玲，如果妳進到我房間裡來發現我死了，妳不要害怕喔！或是當我快要死掉時，請記得去找神父來為我傅油！我是說真的！在我這個年齡，很有可能突然的死去。意玲不知如何回應我，只好幽默地說：「神父，您到天堂後，我拜託您不要又來告訴我，您忘了帶什麼東西！」

我在晚年去避靜前，都會特別整理房間裡的雜物與文書資料，把它們堆疊整齊。這樣不小心離開時，才不會給其他人添麻煩。我祈禱天主在我這個年紀，不要麻煩別人太多，雖然免不了還是需要人的協助，但我盡量當個不麻煩別人的老人。

有一年冬天，我的腳踝因為長年的蜂窩性組織炎而發炎，非常不舒服，當時又從腳踝延伸到小腿，小腿不斷流出組織液。那天我已經去探望兩個病人回來，本來打算還要去八里的安老院聽告解。但寒流來襲，外面下著雨，寒風冷冽，我又比較怕冷，腿因乾癢已經抓到流血。意玲就和同事取消我那天下午的行程。我得知之後，用相對高頻、嚴厲的口氣對意玲說：「怎麼可以把它取消，我要去！」我想意玲當下鐵定是覺得我生氣了。她說，我用很小孩子的語氣說：「你們不讓我去，那我就改去頤福園！」但意玲和同事仍堅持我應該要留在家休息。這是我們第一次發生激烈的衝突。

一陣子之後，我就自己跑去和意玲懺悔：「妳說得對，我現在應該要休息。」我要去照顧別人，但也確實要衡量我的極限。我很謝謝她們替我著想。因為我很好動，又習慣把別人的事放在自己前面，有時可能不太聽話。當醫生護士們建議我休息的時候，或是教友同事勸我不要亂跑時，我只要自己稍微可以，還是會跑出去。不好意思！

頤福園是耶穌會的安老院。在頤福園服務的狄若石修士（José María Díez S.J.）還談到有一次的意外。

當時他要陪我從醫院回到耕莘文教院。就在出捷運站準備要過馬路的時候，本來還是綠燈但忽然轉成紅燈。狄修士正在想，怎麼辦呀，趕快趕快！結果一轉身，看我為了趕著過馬路不小心跌倒了。當時沒有發生什麼事，我就自己站起來，馬上對狄修士說：「噓！你不要告訴別人喔！」

照狄修士說的這件事，我是不是真的有點調皮？

二〇一五年十月，我在彌撒進行時因踩空階梯不慎跌倒，當時台下的教友無不驚嚇。這次跌倒導致胸椎T12節、靠近腰椎的地方有壓迫性骨折。

那時我沒有立即去醫院，痛了好幾天，直到連起床都有困難時，才被院長命令去醫院接受治療與開刀。

當時我的骨頭有出現裂縫，做了注射骨水泥手術，一個月後狀態才慢慢恢復。

但在二〇一九年三月二十一日，我一大早，自己在二樓小堂舉行彌撒時，因沒注意到地上臺階，又跌了一跤，造成右肩多處骨折。這是第二次嚴重的跌倒！幸好育聖神父經過那裡，聽到我不斷的敲打地板的聲音才將我救起。

我被立即送往醫院，骨科醫生判斷之後，因為我年歲已高，決定不開刀，讓傷口自然癒合，因此要花比較久的時間復原。為此我得在醫院待上幾週。但同年我答應要回西班牙領獎，所以我療傷期間很擔心答應回西班牙的事有所變化。我只能不斷地向天主祈禱，看看祂在這件事情上要我怎麼做。

接著長上要求我先到頤福園靜養一段時間。不久因為復原狀況不佳，疼痛感日益嚴重，我又再次被送到醫院。從三月中一直到五月底，我不是在醫院就是頤福園，當時同樣是耶穌會士的教宗方濟各，還特地拍了一支影片給我，慰問我的健康，希望我早日康復，以及不要忘記我最寶貴的幽默[83]。

做為被照顧的角色，我很不習慣，但也努力地適應。喜歡熱鬧的我，即使面對住院的病痛折磨及不能出門關心病人的心理煎熬，每次有訪客來的時候，我都非常開心，提起精神。

許多去探訪我的修會同伴和教友們也都說，每次去醫院看我，雖然會帶些我愛吃的巧克力，替我加油打氣，但每次反而是他們被我療癒和鼓勵，好像真正吃了巧克力的人，是訪客！

那時我在頤福園靜養，體力好一點，剛好遇到古亭耶穌聖心堂主日學老師和小朋

83 https://www.amdgchinese.org/tag/%E8%B3%B4%E7%94%98%E9%9C%96/

友來關懷長者。我雖然是裡面的「老大」，但我喜歡自願為小朋友導覽頤福園的環境和歷史。

很多人說我有超乎常人的體力，但事實是我太好動了！待不住！這也時常讓醫院的護理人員和頤福園的管理人員特別替我擔心。他們因此會特別告示限制探訪時間，或直接在我的病房門上貼出「禁止會客」字樣，好讓我能充分休養。

「他是一個很好的醫護陪伴者，但不是一個很合作的病人。有一次醫生建議他好好靜養一個月，結果他躺了一個禮拜，就想要離開去探望別人。」講一講令憙忍不住笑出來。但她和很多人一樣，拿我沒什麼辦法。

雖然如此，但只要是修會長上的規定，即使限制我的行動，我都會遵守。因為不希望給身邊的人添麻煩，我是很願意接受長上的安排。

在我出院後的休養期間，即使已經回到耕莘文教院，方院長為了我的健康著想，有段時間仍然限制我不能出去探視病人。

耶穌會講求「服從」，雖然惦記著病苦的羊群，但這是長上的命令和會院的規矩。這段時間我的可愛們常常來看我，每次他們看到我噘著嘴，就知道我又因為不能外出而有些揪心落寞。後來院長稍微放寬限制，要求我在他人的陪同下方能外出，我明白他的用心，也就在這樣的限制與平衡中，繼續喜樂的助人。

「我真的很欽佩他。他的磁場很大，他的anima（靈魂）很強大，雖然他的身體面臨挑戰，他還沒恢復百分之百的健康，但他還是給別人，愛別人，在他脆弱時，仍然很有耐心，想要鼓勵別人。連他躺著的時候、生病的時候都是有價值的。」方院長這樣形容我。

幾次的住院，我其實也意識到我隨時離死亡都很近。

我看了這麼多病人，鼓勵病人，現在也要學習鼓勵自己，我也要幫助我自己。但對我來說，幫助自己的方式，其實就是關懷別人。

曾經在一堂討論關於「老人學程的選修課」，炳強邀請四位年齡加起來超過三百三十三歲的講者向輔大學生分享心得。我剛好以最高齡的長者身分出席。

當被問到步入高齡的心理影響時，我鏗鏘有力地，配合西班牙腔以及激動的肢體語言大喊：「我不想了！」

頓時班上的同學都愣住。我接著說：「因為我的本分是關懷別人。雖然我們也應該關懷自己，但是我們該做的事情是，如何能去更關懷別人，如《聖經》所言，愛人如己。」

我覺得，現在的我，不再懼怕死亡。我感到很豁然和快樂。我親證很多的死亡，所以當我看到自己生命的極限時，就能坦然的面對那刻的到來，就像我說的，死亡只是在天堂的先來後到，我們也都會再相遇的。

但意玲在受訪時拆我的台透露說：「你那次跌倒後有害怕吧！說連耶穌要被釘十字時都害怕了，你怎能不怕，不是嗎？」

我當下馬上露出一臉被發現的表情。

對啦！耶穌在山園祈禱面對死亡都怕了，真的面對死亡的時候，我一定也會和祂一樣，會害怕，會恐懼。

面對死亡將至，耶穌問了天父，「父親，祢為何捨棄了我？」

但在基督世界裡面，天父從來沒有捨棄過祂的兒子。只是這件事讓我們知道，耶穌也和我們一樣，對死亡能感同身受。而耶穌教會我的事情是，去感受死亡的每個時刻，即使你的肉體死亡，但你的精神還存在。我們也相信，在死亡之後，我們在天主面前仍是活著的。

死亡並不是一個單純你用肉眼看到的結束，你的肉體雖然死去，但你的精神會繼續存在。

11　三個人和四個關鍵詞

二〇二〇年一月十一日是臺灣四年一度的總統暨立委大選。

自解嚴後臺灣走向民主的道路以來，每到選舉前全台各地都是吵得沸沸揚揚。當天早上，陳建仁與羅鳳蘋伉儷，特地到古亭耶穌聖心堂祈禱，也為當天的第十五任總統與立委選舉，祈求平安順利。祈禱完後，他們留下來唸《玫瑰經》（*Rosarium Virginis Mariae*）[84]和《慈悲串經》（*Divine Mercy*）[85]。唸完之後，我就請他們的隨扈轉告我要找他們。

最老的首投族

我著裝好，在聖心堂等待建仁夫婦。

「神父，你要去哪裡？」建仁問我。

「我！我要去投票！」我舉起手，非常高興地說我這輩子第一次在臺灣以公民的身分投總統和立委的選票，是臺灣最老的首投族！

陳建仁說他很驚喜又感動，但他也說：「神父，我不能跟你拉票！」

我說，「對對對，不可以！但我會投給對臺灣最好的人！」

我很珍惜手上的這一票，因為我很重視臺灣的自由民主。

其實，早在二〇一八年十一月的九合一選舉和十項公投，我就第一次以中華民國公民的身分投票了。

當時我和意玲研究公投題目，雖然讀繁體中文對我來說很困難，但我仍努力做我應做的功課，準備一大早到投票所投票。結果最後我倆只針對同婚的議題討論，怎麼

---

84 於十五世紀由聖座正式頒布，是天主教徒用於敬禮聖母瑪利亞的禱文。《玫瑰經》一詞源自拉丁文的「Rosarium」，意思爲「玫瑰花冠」或是「一束玫瑰」。玫瑰是比喻連串的禱文如玫瑰馨香，敬獻於天主與聖母身前。

85 一九三五年，耶穌在維爾紐斯（Vilnius）向傅天娜修女親授《慈悲串經》。耶穌向她透露禱文的價值和效力，也告訴她附隨禱文而來的許諾。需使用普通玫瑰唸珠。資料來源：https://bit.ly/2G0sw38

有這麼多題，其他對我來說真的有點太難了啊。

在我一百歲生日時，大家在耕莘文教院一樓的大禮堂為我舉辦大型的慶生會。那天約有一兩百人參與，人多到門都快要關不起來，非常熱鬧。這是我何德何能的福份！神父、修女、教友、過去我教授過的學生和服務過的病人都來祝賀。我的家人竟然也特地從西班牙飛到臺灣。會士團體還自己寫歌上台唱給我聽，我的家人也上台致詞。我真的，非常，非常的感動。

可能我長期在臺灣傳福音，之前已經獲得總統府頒發三等景星勳章。在二〇一七年四月十三日當天，我很榮幸地獲得中華民國身分證，成為「正港」臺灣人，後來聽說我也是台北市首位以殊勳歸化國籍的外籍人士。

在我身分證的頒發典禮上，許多人到場參與，也有多位記者和官員。我相當的激動開心，又是親吻身分證，又是嗯嗯啊啊地唱起歌[86]，我大聲淘氣地嚷嚷著：「我是臺灣剛剛出生的一位一百歲的嬰兒！」

我站在台上致詞，我說：「今日，另一件超乎我想像的事，就是你們竟然會想到我，將臺灣的國籍贈予我。我真的不知道要如何答謝你們送給我這份禮物。但是，身為一個在這裡生活多年的傳教士，我會為你們大家祈禱，也為你們的家人，以及在美麗島上的每一個人祈禱。」致詞完畢，我深深感謝臺灣這個福爾摩沙成為我的第二個家。

隔年四月十五日，在耕莘文教院的大禮堂，耶穌會特別選在我成為臺灣人滿一週年的第一個假日，舉辦了關於我的紀錄片《愛，源源不絕》[87]首映會。

這部片紀錄了我的成長背景和一輩子的奉獻生涯，採訪我身邊的親友與同事，藉由影片，和大家分享我一整天的修道生活：與天主相處、陪伴和拜訪修女、探望病友、回台大醫學院和台北商大、到頤福園探望耶穌會的弟兄……等等。讓大家跟著我活出的樣子，一起笑一起流淚。

當天全場也為我成為臺灣人滿「週歲」慶祝，哈！我還收到充滿臺灣特色的生日禮物——一雙藍白拖，以及迷你版的熊讚。本來我也當場要大聲唸出我的身分證字號，主持人趕緊阻止我。哈！這也算是我幽默的一部分。

---

86 https://news.ltn.com.tw/news/life/paper/1094091

87 紀錄片在二〇一七年年底發行。

這部紀錄片，聽說也在全台各地的教會學校及偏鄉中小學播放，有些學生們觀看完後，還有寄明信片給我。我總共收到了七十三張！

這些孩子們大多不是教友，但可能多多少少被我的經歷給打動。

在其中幾張卡片裡，有小朋友希望我可以幫他祝福天上的爸爸；另一位和我說，他想要幫助別人，卻有時候無意傷害到別人，應該怎麼辦；還有一位小朋友問我，如何可以活得更久。

其中一張很可愛，小朋友童言童語地寫道：「數學真的讓我很頭痛。可是看到賴神父的紀錄片之後，賴神父給我力量，因為神父的國語也不是很好，但是還是很努力的在臺灣生活！我要向他學習。」

我收到這些真的感動萬分，而且這位小朋友說得真沒錯！國語不好沒關係，還是可以努力過生活的。我也認真的回信給小朋友，在意玲的幫忙下，在信中也回覆他們向我提出的問題。

我在回信中寫道：「我成為臺灣人只有一歲，所以我也可以稱你們為哥哥姊姊，對於臺灣我還有很多不夠了解的事，你們可以教我喔！像是我不太會說台語、原住民語和客家話！」

而最後一句話，我是這樣寫的：

「有人說在我身上看到光明。其實，我透過你們的信息，感受到好多正面的力量，所以你們也是我的光。」

要特別感謝的三個人

在這本書裡，我要特別感謝三個人。

其中一位是我這輩子唯一愛過的女朋友葛蘿莉雅。

我放棄了與她的愛，決定跟隨天主。我深深感謝她的包容與諒解。

第二位是毛澤東。

我很感謝「那個毛」。雖然毛澤東在統治中國之後，造成百萬人流離失所，以及無數無辜的百姓喪命。但也是因為他，讓我能到菲律賓、東帝汶，最終來到了臺灣。

臺灣是我的家，是我的摯愛。若沒有當時毛澤東的驅離，我也沒有機會來到臺灣，來到我摯愛的家。

第三位是江建神父，美國籍的耶穌會神父。

他當時堅持希望我從東帝汶到臺灣，代替他在臺灣大學教授醫學倫理。

或許有些令人費解，這三位既不是家人也不是親近的耶穌會弟兄，而第二位還是充滿爭議的毛澤東。但和我有交情的都知道，雖然我確實是「感謝那個毛」——但背後真正感謝的，是天主的美意，為我安排超乎我能理解的平安和喜樂。

二〇〇二年七月，古亭耶穌聖心堂承啟會為了慶祝我晉鐸五十週年，特別安排兄弟姊妹陪同我重返上海，並於我晉鐸的徐家匯天主堂舉行感恩彌撒。

當地的老教友，聽聞有當時在中國最後一批晉鐸的神父到場，除了我之外，還有馮德山神父（Fr. José María Fontecha, S.J.），紛紛特別從中國各地來參加。

當天他們跪在地上請我降福。我一邊降福他們，一邊眼淚不斷地掉下來。我感動到淚流不止，哽咽了許久，最後才終於完成這台感恩聖祭。

彌撒結束後，一位教友老奶奶前來跪在地上，在我面前也哭了出來。

她在一九五二年經歷過天主教會被趕出去的時刻。之後共產黨便控制了整個中國，耶穌會被驅趕，迎來驚世駭俗的文化大革命——不只犧牲了無數人命，也吞噬了人們心靈的信仰。

老奶奶的眼淚，是身處時代洪流中，被推著前行的人們最真實的悲鳴。

我真的從來沒有想過，我這一生能夠再有機會回去。

我真的好感動好感動。當時感恩彌撒的動容畫面，至今都還深深烙印在我腦海。這是我在一九五二年晉鐸之後，第一台在中國舉行的彌撒，時隔整整五十年。萬萬沒想過，在當時外籍傳教士被迫倉皇逃難之後，我還能有幸再次踏上那塊土地。那一台彌撒，我真的是邊做邊流淚，我不會用中文形容，但這一切真的太動人。

我相信天主會帶著我渡過生命的柳暗花明。

在親歷幾個國家的內戰與衝突之後，我學習放下傷痛，向前看，並在天主引領的路上，做祂的器皿，為祂工作，歷經祂所安排的驚喜與喜悅——譬如：我特別提及生命中，影響我很重要的三個人。而在五十年後，天主也讓我有機會再重回中國。

假如我當初決定結婚當醫生，我的生命不會像今天這麼豐碩。

讓我決定進入修道生活的理由，今天看來和七十年前仍然一樣，但這些理由變得更具體。我青年時是個理想主義者，如今我以愛服務他人的心願，很真實地跟現實狀況連結在一起[88]。

四個關鍵詞

我已經一百零四歲。

很多人會問我：「賴神父，你保持這麼好的體力的祕訣是什麼？」問我為何高齡還能如此活蹦亂跳，精力旺盛，幾乎打破所有人對年長者的框架。

我可以回答一些心得，說三件事情。

第一，快樂。

第二，少吃。

第三，睡飽。並且要睡午覺，也就是西班牙人很重視的 siesta。

我在台大醫學院教書時，曾經在一本醫學期刊上讀到這麼一句話：「Siesta is the tax that the wise men pay for the long and fulfilled life.」（睡午覺，是智者為了獲取長壽又充實的生命所付出的稅金。）但我的經驗是：午覺也不能多睡，最好十五、二十分鐘即可。不過，最近我睡得比較久啦，大概會睡一小時、一個半小時。

但是，對我真正的答案是：「是祂！是天主的恩典。」

終其一生，我看見他人的需要，並遵從天主旨意前行，以此為中心來實現服務人群的理想。也許不盡善盡美，但或許這就是讓我保持年輕活力，並能不斷努力分享愛的來源吧！

也有人問我：未來離開的時候，有沒有想要送給臺灣人的一句話？

有的。但是在我說出那句話之前，請讓我先來歸納一下我認為生命中最重要的四個關鍵詞。

那就是：God（天主），Love（愛），You/others（你／別人），Now（當下）。

並且這四個關鍵詞有相互的位置，像下頁這個圖。

首先，對我來說，「天主」當然是特別有意義的。天主使我對世界的觀點和一般大眾不同。

88　此段話取自《人籟論辯月刊》二〇〇九年五月號

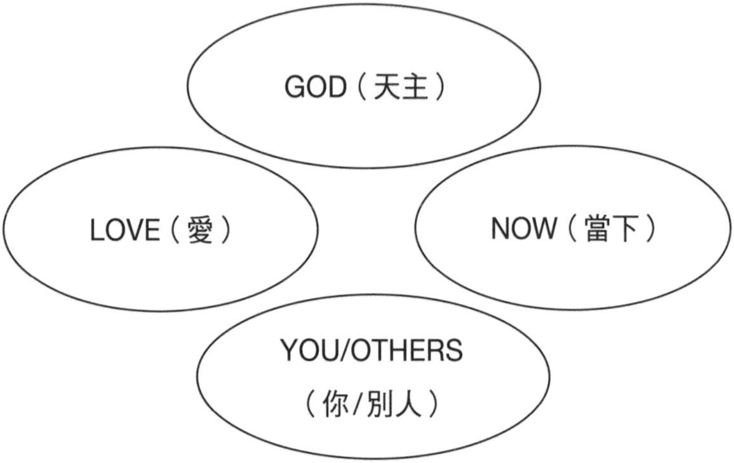

數十年與天主同行，走過史詩般的戰亂悲歌，無數次陪伴身邊深愛的許多人走過病老與死亡。我不是聖人，我也會犯錯。但我自己有一套人生哲學，叫做OGK，「Only God Knows」，只有天主知道。

天主知道所有關於我的好與不好，祂知道我所有的事情。我們要去意識到，這一生的經歷，就是由許多好與不好組成的，而這些，天主都知道。

有時候，天主已經原諒我了，但我可能還沒原諒我自己。

在那樣的時刻，我不會去祈求一個對某個特定事件的原諒，而是意識到生命本身，不是每件事情都是美好無缺的。

雖然每個人的信仰不同，對我來說，基督世界裡，原諒自己，就是去認清自己，承認自己是微小的，承認我的認知世界，還小得不足以去全盤理解天主的旨意，還小得無法了解生命裡的各種問題。

這才是我真正請求天主原諒我的原因。重要的是，請求祂的原諒。在時局紛擾動盪下，單就我自己面對這一切，不可能。我誠心地請求祂的措置，隨天主而安。

「愛」，我小時候就在充滿愛的家庭裡長大。也正因為父母無私的愛，有他們的支持，我成為耶穌會士。並且，在我的認知裡，最大的愛是和天主相連的，天主就是愛。天主創造了我們。各式各樣不同的我們，卻都是天主的肖像，都有極為尊貴、極為有價值的內涵在裡面，值得彼此觀摩與學習[89]。

但是，這個世界上，如果只存在著天主和愛，那是說不過去的。

89《我的可愛——天賜甘霖》p.53

任何愛，都需要有個接受的對象。所有的愛，都是要希望別人好。這個「別人」是很重要的。

愛不只是名詞，還是一個及物動詞。所以必須要有一個受詞。愛人、愛動植物都好，不要只愛自己。愛如果沒有接受的對象，那就太自我中心了。

這樣看，我們就知道「你／別人」的價值。

人，不可能不和與自己不同的人和好、互動。每一個「你」都可以去愛別人，也被愛。最重要的，也因為有了「你／別人」，才使得「天主」和「愛」都有了完整的意義。

「當下」，也是很關鍵的。最早，我在中學的時候，就曾經對「當下」的重要性有所感受。但是直到我五十二歲到了臺灣，又過了幾年，聽到德蕾莎修女說了一句話，才真正體會到「當下」的意義和力量。

她說的那句話是：「Yesterday is gone. Tomorrow has not yet come. We have only today. Let us begin.」（昨天已經過去。明天還沒來臨。我們擁有的只有今天。就讓我們開始吧。）

她的話，忽然使我把這件事看得更清楚了，有一種恍然大悟的感覺。我從這裡也就引伸出一句話：「不要活在你不在的日子裡。」

過去的日子不論再怎麼美好，我們都已經不在那裡了。未來的日子不論再多麼令人期待，我們還沒到那裡。我們所在的時間，只有「當下」。「當下」是好的。不管遭遇再大的打擊和痛苦，至少現在我們還活著，我們活在當下。

而「當下」還連接著另一個詞：「當地」。對，「當下」一定也就是「當地」。

我從西班牙飄洋過海到了北平，因國共內戰轉而前往菲律賓，因緣際會踏上東帝汶，八年後又離開，來到臺灣，生根超過半個世紀。

在國與國之間，城市與城市之間，人與人之間漂泊停留，每到新的地方，我練習放下過去，全心全意地愛著所在的地方，愛著那裡的人，但這還不夠，我總是這樣說，要讓自己成為「真正的當地人」。

現今可能很多人因為種種原因，必須或選擇離開自己的家鄉，但可能生在一地，腦中卻記掛著其他地方。我們應該要更活在當下，更活在當地。

一定，一定要變成當地人。

就算在法律上，外表上，沒錯，我還是外國人。但是在內心，在情感上，我就是那個地方的人[90]。

我喜歡用「陷入熱戀」來比喻和不同國家的人民和文化交往的經驗，先是愛上中國，然後愛上菲律賓、東帝汶，最後愛上臺灣——這個我佇足最久的美麗島嶼。沒有比較愛誰，而是這些人與事都是我生命不可缺少的一部分，都一樣重要。

這就是愛！我是一個傳教士，不管到哪裡，都應該擁抱深情！都要真正的成為那個國家的一份子。

做為西班牙籍神父，我更希望這個世界可以不只是被侷限在哪一國的傳教士在外傳福音的工作，而是不論每個個體到哪裡，都能跨越種種有形無形的邊界，持續散播和平與愛，一起建立一個更美好的世界。

所以，如果要我留一句給大家的話，那我會說：「愛每一個人」請大家彼此相愛。而我散播的這份愛，不是佈施或是憐憫。

我希望人們感受到的是一份打從心底真誠而平等的愛，讓每個我用生命去愛的人，感受到不只是被愛著，而且是有尊嚴、有力量、有同理心的被珍視著。
只要從這個立足點出發，大家一定也會體悟到「天主」和「當下」的意義。
讓我們彼此相愛吧。

90《我的可愛——天賜甘霖》p.53

賴甘霖神父年表

一九一七年十月三日年　出生於西班牙加利西亞（Galicia）省，卡瑞米娜地區，普埃布拉村

一九二四年～一九二七年　在加利西亞地區南側維果（Vigo）就讀耶穌會小學

一九二七年～一九三三年　就讀聖地牙哥教會中學

一九三三年～一九四〇年　就讀聖地牙哥大學（Universidade de Compostela）醫學系、醫學內科與外科

一九三六年～一九三九年　西班牙內戰爆發，大學中斷，加入國家軍隊

一九四〇年　自聖地牙哥大學醫學系畢業，並選擇走上神職之路

一九四〇年～一九四二年	進入西班牙薩拉曼卡（Salamanca）初學院，初學階段
一九四二年～一九四四年	就讀西班牙宗座柯彌拉斯大學（Universidad Pontificia Comillas）哲學研究所
一九四四年～一九四七年	西班牙馬德里大學（Universidad de Madrid）醫學博士
一九四九年	離開西班牙，抵達北平
一九四七年～一九四九年	在耶穌會會院沙白尼華語學院（Chabanel Hall）學中文
一九四九年	被迫遷到安慶，再遷到上海
一九四九年～一九五三年	上海徐家匯聖博敏神學院學習神學
一九五二年四月十六日年	與十一位中國籍修士和七位外國籍修士在同一天祝聖為神父
一九五三年	離開中國，抵達菲律賓
一九五三年～一九五五年	菲律賓馬尼拉聖托馬斯大學（University of Santo Tomas） 學習英文、神學倫理，獲得神學博士學位
一九五六年～一九六一年	在菲律賓馬尼拉阿拉內塔大學（Gregorio Araneta University） 擔任校牧和教授，教宗教、哲學、生物及人類學

一九六一年　離開菲律賓，抵達東帝汶

一九六一年～一九六七年　於東帝汶教授宗教、拉丁文、自然科學及歷史；耶穌會東帝汶會院院長

一九六七年～一九六九年　耶穌會東帝汶會院擔任心理輔導

一九六九年　離開東帝汶，抵達臺灣

一九六九年　三個月在新竹華語學院學中文

一九七〇年　接任臺大醫學院醫學倫理和拉丁文兼任教授

一九六九年～一九七二年　臺北商專光啟社輔導神師

一九七二年～一九八一年　擔任台北震旦中心與耕莘會院的理家神父及健康主任

一九七八年～一九八一年　成為震旦中心耶穌會院團體院長

一九八一年　回到耕莘文教院接任堂區司鐸，以及擔任理家職務

一九八三年　接任古亭耶穌聖心堂主日學

一九八五年　接待德蕾莎修女訪臺

一九八九年　回到聖地牙哥參加第四屆世青大會，接受教宗若望保祿二世給予的祝福

二〇〇〇年　從臺灣大學轉為客座教授

二〇〇二年　回中國上海徐家匯天主堂，舉行感恩彌撒

二〇〇二年　晉鐸金慶在西班牙講道並與家人團聚

二〇一一年　出版著作《我的可愛-天賜甘霖》

二〇一四年　獲頒西班牙最具影響力的百大人士獎

二〇一五年　自臺灣大學退休

二〇一五年　獲頒績優外籍宗教人士

二〇一五年　獲頒三等景星勳章

二〇一六年　賴神父一百歲生日

二〇一七年　獲頒醫療奉獻獎個人獎

二〇一七年　獲中華民國身分證，成為臺灣公民

二〇一七年　紀錄片《愛，源源不絕》發表

二〇一七年　回到西班牙授獎

二〇一七年　駐教廷大使館舉辦盛大國慶酒會，於梵蒂岡授獎

二〇一九年　回到西班牙，獲頒西班牙年度人物傑出獎

二〇二〇年　以臺灣公民身分行使公民權，投下總統大選選票，成為最老首投族

LOCUS

LOCUS

LOCUS

L O C U S